Feuerlein/Dittmar/Soyka

**Wenn Alkohol
zum Problem wird**

Die Autoren

Prof. Dr. med. Wilhelm Feuerlein (*1920) war viele Jahre Leiter der Psychiatrischen Poliklinik des Max-Planck-Instituts für Psychiatrie in München und lebt jetzt im Ruhestand.

Dipl.-Psych. Franz Dittmar (*1946) studierte Psychologie in Erlangen, Regensburg und München. Von 1970–1977 war er Mitarbeiter der Psychiatrischen Poliklinik des Max-Planck-Institutes für Psychiatrie, München (Forschungsbereiche: Ambulante verhaltenstherapeutische Behandlung von Alkoholkranken und von Frauen und Männern mit funktionellen Sexualstörungen). Zahlreiche Publikationen in beiden Forschungsbereichen, Lehraufträge an der Ludwig-Maximilian-Universität München. Von 1978–1993 Leiter der Ambulanz für Psychosoziale Betreuung und Behandlung in Passau. Seit 1994 selbständiger Psychotherapeut in Passau.

PD Dr. med. Michael Soyka studierte in Kiel, Würzburg, London und München. Seit 1985 arbeitet er an der Psychiatrischen Klinik der Universität München mit dem Forschungsschwerpunkt Sucht. Dr. med. Soyka ist Inhaber des Wilhelm-Feuerlein-Forschungspreises der Deutschen Gesellschaft für Psychiatrie, Psychotherapie und Nervenheilkunde sowie des Wilhelm-Griesinger-Preises der Berliner Gesellschaft für Neurologie und Psychiatrie.

Prof. Dr. med. Wilhelm Feuerlein
Dipl.-Psych. Franz Dittmar
PD Dr. med. Michael Soyka

Wenn Alkohol zum Problem wird: Hilfreiche Informationen für Angehörige und Betroffene

Leserservice:
Wenn Sie Fragen oder Anregungen zu diesem Buch haben, schreiben Sie uns:
TRIAS Verlag
Postfach 30 05 04
D-70445 Stuttgart

Lektorat:
Stefan Vieregg M. A., Dr. Ingrid König

Korrektur:
Maria Brand

Zeichnungen:
Friedrich Hartmann, Nagold

Umschlaggestaltung:
Cyclus · D + P Loenicker, Stuttgart

Die Deutsche Bibliothek – CIP-Einheitsaufnahme
Feuerlein, Wilhelm:
Wenn Alkohol zum Problem wird : hilfreiche Informationen für Angehörige und Betroffene / Wilhelm Feuerlein ; Franz Dittmar ; Michael Soyka. – 4. Aufl. – Stuttgart : TRIAS, 1999

Gedruckt auf chlorfrei gebleichtem Papier

© 1999 Georg Thieme Verlag
© 2002 TRIAS Verlag
in MVS Medizinverlage Stuttgart GmbH & Co. KG
Printed in Germany
Satz: Fotosatz H. Buck, Kumhausen
Druck: Druckerei Gutmann, Talheim

ISBN 3-89373-473-2   2 3 4 5 6

Wichtiger Hinweis:
Wie jede Wissenschaft ist die Medizin ständigen Entwicklungen unterworfen. Forschung und klinische Erfahrung erweitern unsere Erkenntnisse, insbesondere, was Behandlung und medikamentöse Therapie anbelangt. Soweit in diesem Werk eine Dosierung oder eine Applikation erwähnt wird, darf der Leser zwar darauf vertrauen, daß Autoren, Herausgeber und Verlag große Sorgfalt darauf verwandt haben, daß diese Angabe **dem Wissensstand bei Fertigstellung des Werkes** entspricht.
Für Angaben über Dosierungsanweisungen und Applikationsformen kann vom Verlag jedoch keine Gewähr übernommen werden. **Jeder Benutzer ist angehalten,** durch sorgfältige Prüfung der Beipackzettel der verwendeten Präparate und gegebenenfalls nach Konsultation eines Spezialisten festzustellen, ob die dort gegebene Empfehlung für Dosierungen oder die Beachtung von Kontraindikationen gegenüber der Angabe in diesem Buch abweicht. Eine solche Prüfung ist besonders wichtig bei selten verwendeten Präparaten oder solchen, die neu auf den Markt gebracht worden sind. **Jede Dosierung oder Applikation erfolgt auf eigene Gefahr des Benutzers.** Autoren und Verlag appellieren an jeden Benutzer, ihm etwa auffallende Ungenauigkeiten dem Verlag mitzuteilen.

Geschützte Warennamen (Warenzeichen) werden **nicht** besonders kenntlich gemacht. Normalerweise handelt es sich um deutsche Warenzeichen bzw. Warennamen, österreichische sind mit (Ö) gekennzeichnet. Aus dem Fehlen eines solchen Hinweises kann also nicht geschlossen werden, daß es sich um einen freien Warennamen handelt.
Das Werk, einschließlich aller seiner Teile, ist urheberrechtlich geschützt. Jede Verwertung außerhalb der engen Grenzen des Urheberrechtsgesetzes ist ohne Zustimmung des Verlages unzulässig und strafbar. Das gilt insbesondere für Vervielfältigungen, Übersetzungen, Mikroverfilmungen und die Einspeicherung und Verarbeitung in elektronischen Systemen.

Inhalt

- **Alkoholismus – schädlicher Gebrauch (Mißbrauch) und Abhängigkeit** — 12
  1. Was macht es so schwierig, über Alkoholismus zu reden? — 12
  2. Was ist Alkoholismus? — 13
  3. Wer ist alkoholkrank (Alkoholiker)? — 14
  4. »Alkoholiker« und »Alkoholkranker« – gibt es da einen Unterschied? — 15
  5. Was heißt »schädlicher Gebrauch (Mißbrauch) von Alkohol«? — 16
  6. Worin zeigt sich die körperliche (physische) Abhängigkeit von Alkohol (Entzugserscheinungen)? — 17
  7. Worin zeigt sich die psychische Abhängigkeit vom Alkohol (»Kontrollverlust«)? — 19
  8. Wann hört das Verlangen nach Alkohol auf? — 21
  9. Welche Haupttypen von Alkoholkranken (nach Jellinek) können wir unterscheiden? — 22
  10. Welche Verlaufsphasen finden sich im Alkoholismus? — 27
  11. Welche Merkmale kennzeichnen die voralkoholische Phase? — 28
  12. Welche Merkmale kennzeichnen die Anfangsphase? — 28
  13. Welche Merkmale kennzeichnen die kritische Phase? — 29
  14. Welche Merkmale kennzeichnen die chronische Phase? — 29
  15. Was ist »Spiegeltrinken«? — 30
  16. Was ist Erleichterungstrinken? — 30
  17. Gibt es eine Suchtverlagerung (»Umsteigeeffekt«)? — 30

18 Wer ist von Alkoholismus betroffen (Ausbreitung)? 32

19 Wieviel wird getrunken? 33

- **Alkoholismus – seine Folgen** 36

20 Welche Folgen können durch Alkoholmißbrauch entstehen? 36

21 Welche körperlichen Schäden können durch Alkoholmißbrauch entstehen? 36

22 Welche psychischen Störungen können durch Alkoholmißbrauch entstehen? 42

23 Warum »lügt« der Alkoholkranke? 43

24 Ist die Lebenserwartung von Alkoholikern beeinträchtigt? 44

25 Was sind Gedächtnislücken (»Filmrisse«)? 45

26 Was ist ein Alkoholdelir (Delirium tremens)? 46

27 Was sind alkoholbedingte Krampfanfälle? 46

28 Welche anderen Alkoholpsychosen gibt es? 47

29 Schädigt Alkohol das ungeborene Kind? 47

30 Was ist ein Alkoholrausch? 48

31 Kann Alkohol tödlich wirken? 50

32 Wer reagiert besonders empfindlich auf Alkohol? 51

33 Welche sozialen Folgen können durch Alkoholmißbrauch entstehen? 51

34 Kann Alkoholismus ein Scheidungsgrund sein? 57

35 Warum ist der Konsum alkoholischer Getränke für den Verkehrsteilnehmer gefährlich? 58

36 Welche Strafen drohen bei Verkehrsgefährdung infolge von Alkoholeinfluß? 59

37 Darf einem Arbeitnehmer wegen Alkoholproblemen gekündigt werden? 62

- **Medikamentenmißbrauch** 65

  38 Welche Medikamente werden besonders
  mißbräuchlich verwendet? 65

  39 Wirken Beruhigungsmittel (»Tranquilizer«)
  tatsächlich nur beruhigend? 66

  40 Können Hustenmittel zu Abhängigkeit führen? 66

  41 Helfen Schlafmittel schlafen? 67

  42 Sind Schmerzmittel ungefährlich? 67

  43 Lassen sich Schlaf und Hunger »ungestraft«
  unterdrücken? 68

- **Alkoholismus – Ursachen und Entstehungsbedingungen** 70

  44 Welche Ursachen spielen für die Entstehung
  von Alkoholismus eine Rolle? 70

  45 Welche Eigenwirkungen hat Alkohol? 71

  46 Wie verändert sich die psychische Leistungsfähigkeit unter Alkoholwirkung? 74

  47 Ist Alkohol ein Heilmittel? 74

  48 Hemmt oder fördert Alkohol das sexuelle Erleben? 76

  49 Mit welchen körperlichen Eigentümlichkeiten hängt
  die Entstehung von Alkoholismus zusammen? 78

  50 Spielen psychische Störungen eine Rolle bei
  der Entwicklung von Alkoholismus? 78

  51 Ist Alkoholismus erblich? 79

  52 Was ist das »Suchtgedächtnis«? 81

  53 Welche Rolle spielt das Beispiel der Eltern
  für die Entstehung von Alkoholismus? 81

  54 Welche Rolle spielen Konflikte in Familie
  und Beruf für die Entstehung des Alkoholismus? 82

■ Inhalt ■

55 Welche Rolle spielt der Arbeitsplatz für die Entstehung von Alkoholismus? 83

56 Welche Rolle spielt die Meinung der breiten Öffentlichkeit bei der Entstehung von Alkoholismus? 83

57 Welche Rolle spielen die Trinksitten für die Entstehung von Alkoholismus? 84

58 Was hat Freizeit mit Alkoholismus zu tun? 85

59 Warum wird Alkohol heute so vielen Frauen zum Verhängnis? 86

60 Warum greifen so viele Jugendliche zur Flasche? 86

61 Gründe oder Ausreden? 88

● **Alkoholismus – Behandlung und Vorbeugung** 89

62 Wann ist der beste Zeitpunkt für die Behandlung gekommen? 89

63 Ist eine Heilung überhaupt möglich? 89

64 Was ist gemeint mit »Krankheit als Chance«? 91

65 Welche Voraussetzungen sind für die erfolgreiche Behandlung des Alkoholkranken nötig? 93

66 Welches Ziel soll durch eine Behandlung erreicht werden? 94

67 Wer trägt die Behandlungskosten? 94

68 Welche Erfolgsaussichten hat eine Behandlung? 95

69 Was meint »motiviert sein zur Behandlung«? 96

70 Alkoholabstinenz oder kontrolliertes Trinken? 98

71 Worauf verzichtet ein Alkoholkranker wirklich, wenn er auf Alkohol verzichtet? 100

72 Was meint der Begriff »Behandlungskette«? 101

73 Was meint der Begriff »Therapieverbund«? 102

74 Was ist die Kontakt- und Motivierungsphase? 102

Inhalt

75 Was ist die Entgiftungsphase? 104
76 Was ist die Entwöhnungsphase? 105
77 Was ist die Weiterbehandlungs- und Nachsorgephase? 106
78 Gibt es eine »Pille« gegen Alkoholmißbrauch? 107
79 Welche Medikamente helfen im Alkoholentzug? 109
80 Welche Möglichkeiten der Entwöhnungsbehandlung gibt es? 110
81 Was ist Psychotherapie? 111
82 Was ist mit »Psychotherapie beim Alkoholkranken« (»Entwöhnungsbehandlung«) gemeint? 112
83 Wo wird die »Psychotherapie beim Alkoholkranken« (»Entwöhnungsbehandlung«) durchgeführt? 113
84 Wie wird die Entwöhnungsbehandlung in einem Suchtfachkrankenhaus durchgeführt? 115
85 Welche Aufgaben haben ambulante Beratungs- und Behandlungsstellen? 115
86 Wie wird eine ambulante Entwöhnungsbehandlung durchgeführt? 116
87 Welche Vor- und Nachteile haben ambulante bzw. stationäre Entwöhnungsbehandlungen? 117
88 Warum ist psychotherapeutische Weiterbehandlung nötig? 118
89 Wie soll sich der Alkoholkranke nach einer Entwöhnungsbehandlung verhalten? 120
90 Soll ein Alkoholkranker anderen seine Krankheit offenbaren? 121
91 Was ist ein Rückfall? 123
92 Wie kommt es zum Rückfall? 124
93 Rückfall bedeutet nicht »das Ende« – was aber ist zu tun? 126

Inhalt

94	Weshalb ist die Einbeziehung Angehöriger in die Therapie wichtig?	127
95	Was ist mit dem Begriff »Co-Abhängigkeit« (»Co-Alkoholiker«) gemeint?	129
96	Was sollen die anderen tun?	130
97	Was ist mit »sozialen Hilfen« (»Rehabilitation«) gemeint?	131
98	Welche Hilfen können im beruflichen Bereich gegeben werden?	131
99	Welche Hilfen können im schulischen/ Ausbildungsbereich gegeben werden?	133
100	Welche Hilfen können im finanziellen Bereich gegeben werden?	133
101	Welche Hilfen können im Freizeitbereich gegeben werden?	134
102	Was sind Alkohol-Selbsthilfegruppen?	135
103	Welche Alkohol-Selbsthilfeorganisationen gibt es?	136
104	Helfen betriebliche Disziplinarmaßnahmen dem alkoholkranken Mitarbeiter?	138
105	Wie kann man Alkoholismus vorbeugen?	140
106	Was können speziell Betriebe vorbeugend tun?	141

● Praktische Ratschläge für Angehörige 144

107	Was heißt »richtig helfen«?	144
108	Ist Nicht-Hilfe gleichbedeutend mit Nichts-Tun?	145
109	Welche Anzeichen deuten auf Alkoholabhängigkeit hin?	148
110	Was soll man tun, wenn der Partner Alkoholkranker ist?	148

Inhalt

111 Was soll man nicht tun, wenn der Partner Alkoholkranker ist? 149

112 Was soll man nicht tun, wenn der Partner versucht, mit dem Trinken aufzuhören? 150

113 Was soll man tun, wenn der Partner verspricht, mit dem Trinken aufzuhören? 150

- **Anhang** 151

114 Welche allgemeinen Voraussetzungen gelten für die Wiedererteilung der Fahrerlaubnis nach Führerscheinentzug wegen Trunkenheitsfahrten? 151

115 Darf der Alkoholkranke mit Alkohol zubereitete Speisen essen? 153

116 Ist »alkoholfreies« Bier für den Alkoholkranken gefährlich? 154

117 Wie hoch ist der Alkohol- und Kaloriengehalt von alkoholhaltigen Getränken? 155

118 Wovon hängt die Geschwindigkeit der Alkoholaufnahme ins Blut ab? 156

119 Wie wird Alkohol im Körper abgebaut? 156

120 Welche Möglichkeiten gibt es zur Bestimmung des Blutalkoholspiegels? 157

121 Kurzfragebogen für Alkoholgefährdete (KFA) 158

- **Nachwort** 160

- **Weiterführende Literatur** 161

- **Kontaktanschriften** 163

- **Sachverzeichnis** 165

Alkoholismus – schädlicher Gebrauch (Mißbrauch) und Abhängigkeit

 Was macht es so schwierig, über Alkoholismus zu reden?

Unsere Gesellschaft scheint sich schwer zu tun mit den Themen »Alkohol« bzw. »Alkoholismus«. Wenn über Alkohol gesprochen wird, geschieht es meist in äußerst positiver Weise: wie gut dieses Bier oder jener Wein schmecke oder wieviel man letzthin wieder »vertragen« habe usw. Im Gegensatz dazu wird das Thema »Alkoholismus« – wenn überhaupt – eher distanziert und abwehrend behandelt. Dabei interessiert fast immer die Frage, wer denn eigentlich Alkoholiker sei und wieviel man trinken dürfe, um nicht als solcher zu gelten. Oft wird noch ironisch hinzugefügt, man zähle wohl »zu denen«, weil irgend jemand kürzlich behauptet habe, jeder sei Alkoholiker, »der täglich zwei Biere« trinke ... Erwartet wird dann, daß der Zuhörer entrüstet abwehrt, dabei jedoch eingesteht, selbst diese Menge täglich zu sich zu nehmen und so letztlich bestätigt, daß jemand *kein* Alkoholiker sein könne, der »lediglich zwei Biere« pro Tag konsumiere. Wie es sich wirklich verhält, wissen nur wenige ...

Bei all diesen Mythen, die sich um die Begriffe »Alkoholismus« und »Alkoholiker« ranken, spielt sicherlich ein psychologisches Moment eine große Rolle, nämlich, daß in Gesellschaften, wie den im deutschsprachigen Raum vertretenen, das Alkoholtrinken einerseits von großer sozialer Bedeutung ist und sozusagen zum täglichen Leben dazugehört, der Alkoholiker andererseits hingegen (oft fälschlicherweise!) als willensschwacher, charakterloser und unkontrollierter Mensch gilt. Wer aber möchte schon als Schwächling eingestuft werden in einer Gesellschaft, die Begriffe wie »Persönlichkeit«, »Charakterstärke«, »Leistung« und »Erfolg« als Tugenden auf ihr Banner schreibt?

Dieses psychologische Moment macht es grundsätzlich schwierig, mit Menschen, die Alkohol konsumieren, Begriffe wie »Alkoholismus« oder »Alkoholiker« objektiv zu diskutieren, ohne schon im vorhinein auf Abwehr oder Voreingenommenheit zu stoßen. Noch viel schwieriger ist dieses Gespräch mit Betroffenen, die vielleicht ahnen oder gar schon wissen, daß Alkohol für sie ein Problem darstellt. Wenn sie sich überhaupt auf das Thema einlassen, versuchen sie oft mit allen Mitteln, ihr Problem zu verstecken, Fakten abzustreiten oder als »Hirngespinste« zu bezeichnen (siehe Frage 23). Um so wichtiger ist es, in objektiver und wissenschaftlich fundierter Weise die Thematik »Alkoholismus« bzw. »Alkoholiker« zu betrachten und Fakten aufzuzeigen.

Was ist Alkoholismus?

»Alkoholismus« bzw. »Alkoholiker« sind recht unscharfe und damit unklare Begriffe, die aber vor mehr als 100 Jahren Einzug in Umgangs- und Amtssprache hielten und aus unserem Sprachgebrauch nicht mehr wegzudenken sind. Gerade deshalb aber bedürfen diese Begriffe einer genaueren Definition.

Zahlreiche solcher Definitionen wurden in den vergangenen Jahrzehnten geprägt. Im deutschen Sprachraum wird der Vorschlag der Weltgesundheitsorganisation (WHO) bevorzugt. Sie unterscheidet zwischen *schädlichem Gebrauch* und *Abhängigkeit* von Alkohol.

Schädlicher Gebrauch (Mißbrauch)

Schädlicher Gebrauch (Mißbrauch) bedeutet Beeinträchtigung der psychischen (seelischen) und physischen (körperlichen) Gesundheit (siehe Fragen 21 u. 22) als Folge eines zu häufigen und/oder erhöhten Alkoholkonsums. Die körperliche Gesundheit kann durch eine Leberschädigung, die psychische Gesundheit z.B. durch eine depressive Episode nach massivem Alkoholkonsum (siehe dazu Kapitel »Folgen des Alkoholismus«) gefährdet sein.

Alkoholismus – schädlicher Gebrauch und Abhängigkeit

Abhängigkeit

Unter Abhängigkeit versteht man allgemein eine Reihe verschiedener körperlicher Prozesse, Verhaltensweisen und Denkabläufe, die dazu geführt haben, daß der Betroffene jetzt dem Alkoholtrinken Vorrang einräumt gegenüber anderen Interessen, die früher für ihn wichtig waren. Man unterscheidet eine körperliche und eine psychische Abhängigkeit (siehe Frage 6).

 Wer ist alkoholkrank (Alkoholiker)?

Wie bereits betont, ist als Alkoholkranker zu bezeichnen, wer durch Alkohol Folgeschäden erlitten hat oder vom Alkohol abhängig geworden ist. Damit wird deutlich, daß für die Beantwortung der Frage, wer nun Alkoholiker sei, erst einmal nur von Bedeutung ist, ob Folgeschäden und Abhängigkeit vorhanden sind oder nicht. Keine Bedeutung hat zunächst, wieviel und/oder wie häufig jemand trinkt. Natürlich sind aber Folgeschäden bzw. Abhängigkeit eng mit der Konsummenge und -häufigkeit verbunden.

Wir wissen andererseits, daß wir sicherlich nicht allgemein von »*dem* Alkoholkranken« sprechen können; wir kennen vielmehr verschiedene Typen von Alkoholkranken (siehe Frage 9) und verschiedene Verlaufsstadien der Krankheit (siehe Frage 10). Dabei sind die Art und Weise des Trinkens (Trinkverhalten) und die Schwere der Alkoholfolgeschäden maßgebend. Die Trinkmenge spielt eine nachrangige Rolle. Alkohol wird nämlich von verschiedenen Menschen unterschiedlich gut vertragen. Das Maß der Alkoholverträglichkeit ist abhängig davon, ob der Mensch körperlich und seelisch gesund ist, ob er zusätzlich andere Gifte konsumiert (z. B. Nikotin) u. v. a. m. Es lassen sich somit für die Trinkmenge keine festen Grenzwerte (»Verträglichkeitsgrenzen«) angeben, innerhalb derer regelmäßiger Alkoholkonsum gefahrlos ist.

> **Wichtig**
>
> Durch höchstrichterliche Urteile wurde anerkannt, daß die Alkoholabhängigkeit (und deren erste Anzeichen) als Krankheit anzusehen sind. Dies hat zur Folge, daß Alkoholismus auch versicherungsrechtlich wie jede andere Erkrankung gehandhabt wird, z. B. daß die Behandlungskosten vom zuständigen Kostenträger übernommen werden müssen (siehe Frage 67). Lediglich bestimmte Privatkrankenkassen haben in ihren Verträgen mit dem Versicherten eine Ausschlußklausel, so daß die Kostenübernahme nicht sicher ist.

Alkoholismus ist die häufigste und wichtigste sozialmedizinische Krankheit. Er ist in seinem Verlauf und in seinen Folgen (z. B. Zahl der Todesfälle) durchaus mit anderen Volkskrankheiten wie Herz- und Kreislaufkrankheiten, Krebserkrankungen oder Tuberkulose vergleichbar.

»Alkoholiker« und »Alkoholkranker« – gibt es da einen Unterschied?

> **Bitte beachten**
>
> Zwischen den Begriffen »Alkoholiker« und »Alkoholkranker« gibt es keinen Unterschied! Beide Begriffe beschreiben einen Menschen, der an der Krankheit Alkoholismus leidet und deren Kennzeichen aufweist (Frage 3).

Gleichwohl wird heute die Bezeichnung »Alkoholiker« häufig vermieden und lieber der Terminus »Alkoholkranker« verwendet, weil viele Menschen und oft auch der Betroffene selbst mit dem Begriff »Alkoholiker« eine negative Bewertung verbinden und darunter eine schwache, haltlose Persönlichkeit verstehen.

Der Begriff »Alkoholkranker« hingegen ist deutlich positiver besetzt und unterliegt bei weitem nicht jenem Vorurteil. Analog zum Sprachgebrauch wird eher akzeptiert, daß ein Kranker »nicht von alleine« wieder gesundet, sondern Behandlung und Unterstützung benötigt.

5 Was heißt »schädlicher Gebrauch (Mißbrauch) von Alkohol«?

Die Weltgesundheitsorganisation (WHO) versteht unter schädlichem Gebrauch (Mißbrauch) von Alkohol, wenn ein Mensch durch zu häufiges und/oder unmäßiges Alkoholtrinken eine Gesundheitsschädigung erleidet. Diese kann sich körperlich und/oder psychisch äußern. Die Schädigungen müssen konkret und akut nachweisbar sein (nicht irgendwann in der Vergangenheit vorhanden!), um diese Diagnose zu rechtfertigen. Auch ein akuter Rauschzustand (siehe Frage 30) oder ein »Kater« beweisen für sich allein noch nicht den »Gesundheitsschaden«, der zur Diagnose »schädlicher Gebrauch (Mißbrauch)« erforderlich ist.

Fast immer hat hoher und/oder häufiger Alkoholkonsum neben den gesundheitlichen Schädigungen des Betroffenen auch Auswirkungen auf seine Familie oder seinen Beruf (»soziale Folgen«, siehe Frage 33). Verschiedentlich wurden deshalb auch diese »sozialen Folgeschäden« in die Diagnose mit einbezogen, wenn von »schädlichem Gebrauch« bzw. von »Mißbrauch« im Zusammenhang mit Alkohol gesprochen wird.

> **Was amerikanische Forscher unter »Alkoholmißbrauch« verstehen**
>
> Sie sprechen von Mißbrauch, wenn innerhalb desselben Zwölf-Monats-Zeitraums je mindestens eines der folgenden Merkmale auftritt:
> - wiederholter Alkoholkonsum, der zu einem Versagen bei der Erfüllung wichtiger Verpflichtungen bei der Arbeit, in der Schule oder zu Hause führt (z. B. wiederholtes Fernbleiben von der Arbeit wegen oder schlechte Arbeitsleistungen durch Alkoholgebrauch; Vernachlässigung des Haushalts)

Worin zeigt sich die körperliche Abhängigkeit vom Alkohol?

- wiederholter Alkoholkonsum in Situationen, in denen es aufgrund des Konsums zu einer körperlichen Gefährdung seiner selbst oder anderer kommen kann (z. B. Alkohol am Steuer oder das Bedienen von Maschinen unter Alkoholeinfluß)
- wiederkehrende rechtliche Probleme im Zusammenhang mit Akoholkonsum (z. B. Verhaftungen wegen Ruhestörung oder Diebstähle und Betrügereien)
- fortgesetzter Alkoholkonsum trotz ständiger oder sich wiederholender sozialer oder zwischenmenschlicher Probleme, die durch die Auswirkungen des Alkohols verursacht oder verstärkt werden (z. B. Streit mit dem Ehegatten über Folgen von Rauschzuständen, körperliche Gewalttätigkeiten oder Kindesmißbrauch)

6 Worin zeigt sich die körperliche (physische) Abhängigkeit vom Alkohol (Entzugserscheinungen)?

Von körperlicher (physischer) Abhängigkeit spricht man, wenn bei einem Menschen, der über Stunden hinweg (z. B. nachts, weil er schläft) keinen Alkohol zu sich nimmt, *Entzugserscheinungen* auftreten. Die Entzugserscheinungen bessern sich oder verschwinden, sobald er wieder eine entsprechende Menge Alkohol getrunken hat.

Die körperliche Abhängigkeit ist die Folge eines langjährigen, übermäßigen Alkoholgenusses und der dadurch bedingten Anpassung des Körpers an den Alkohol. Der Körper entwickelt eine Toleranz (»Toleranzentwicklung«). Die Wirkung der Droge, in diesem Fall des Alkohols, läßt nach, bzw. der Körper braucht immer mehr von der Droge, um die ursprüngliche Wirkung zu erreichen (»Dosissteigerung«). Trinkt der Kranke aus irgendwelchen Gründen über Stunden – oder in Einzelfällen – manchmal über Tage hinweg keinen Alkohol mehr, kann sich der Körper nicht umstellen. Die Folge sind sogenannte Entzugssymptome wie Zittern, Brechreiz, starkes Schwitzen, Schlafstörungen, Angst und Unruhe. Diese Entzugserscheinungen können sich bis

Alkoholismus – schädlicher Gebrauch und Abhängigkeit

zu einer schweren, lebensgefährlichen Geistesstörung (*Alkoholdelir*, siehe Frage 26) steigern.

Letztlich bedeutet das, der körperlich abhängige Alkoholkranke befindet sich im Teufelskreis: er muß weiterhin Alkohol trinken, muß sich also weiter »vergiften« (siehe Frage 45), um nicht Gefahr zu laufen, dieses lebensgefährliche Alkoholdelir bei sich auszulösen.

In die Behandlung der körperlichen Abhängigkeit (Entgiftung, siehe Frage 75) muß unbedingt ein Arzt einbezogen werden.

Besonders kompliziert und stark können Entzugserscheinungen sein, wenn der Kranke neben dem Alkohol noch andere Suchtmittel, vor allem bestimmte Medikamente, konsumiert. Aus biochemischen Gründen dauert es in solchen Fällen oft mehrere Tage, bis die Entzugserscheinungen auftreten. Gerade die Behandlung solcher Entzugssymptome ist dann besonders schwierig (siehe Frage 75).

Der berühmt-berüchtigte »Kater« nach ausgiebigem Alkoholkonsum ist im übrigen nicht Ausdruck einer Entzugssymptomatik, sondern vielmehr Folgeerscheinung der Vergiftung des Körpers durch den Alkohol und schädlicher Zwischenprodukte bei dessen Abbau im Körper.

Fallbeispiel

Herr M. ist 45 Jahre alt und trinkt seit mehr als 20 Jahren fast regelmäßig »seine Biere«, in den letzten zwei Jahren ca. sechs bis acht täglich, selten – und nur zu besonderen Anlässen – mehr. Etwa die Hälfte dieser Biere trinkt er über den Tag verteilt, nach der Arbeit am Abend die andere Hälfte, »zum Essen«, »beim Fernsehen« oder »zum Schlafen«. Gegen 22.00 Uhr geht er zu Bett. Sein Alkoholspiegel liegt über jener Grenze, an die sich sein Körper im Verlauf der vielen Jahre gewöhnt hat. Herr M. fühlt sich wohl und kann gut einschlafen.

Wir wissen aber, daß im Körper pro Stunde ca. 0,1 bis 0,15 Promille Alkohol abgebaut werden. Damit wird der Blutalkoholge-

■■■■■ **Worin zeigt sich die psychische Abhängigkeit vom Alkohol?** ■

halt (BAK) von Herrn M. im Verlauf der Nacht immer geringer, der Alkoholspiegel sinkt ab. Wenn der Alkoholspiegel unter die für ihn kritische Grenze fällt, beginnt Herr M. stark zu schwitzen, wälzt sich in Alpträumen von einer Seite zur anderen, wird immer unruhiger. Am nächsten Morgen zittert er, kann nur mit Mühe aus seiner Kaffeetasse trinken. Auf dem Weg zur Arbeit, am Kiosk, trinkt er ein Fläschchen Kräuterschnaps. »Das beruhigt!« wie er sagt. Und nach wenigen Minuten ist auch das Zittern vorbei.

Was war geschehen? In Wahrheit hatte Herr M. mit dem Kräuterschnaps seinen Alkoholspiegel wieder auf das Niveau angehoben, das sein Körper gewöhnt war.

Im Verlaufe der vielen Jahre des Trinkkonsums hat sich sein Körper an den Alkohol so gewöhnt, daß er einen bestimmten Alkoholspiegel »braucht«, um »normal« reagieren und funktionieren zu können. Sinkt sein Blutalkoholgehalt unter diesen Spiegel, treten bei Herrn M. Entzugserscheinungen auf (körperliche Abhängigkeit).

7 Worin zeigt sich die psychische Abhängigkeit von Alkohol (»Kontrollverlust«)?

Viel schwieriger als die körperliche (physische) Abhängigkeit ist die psychische zu beschreiben. Sind bei körperlicher Abhängigkeit mit den Entzugserscheinungen noch recht konkrete körperliche Anzeichen zu beobachten, spielt sich die psychische Abhängigkeit *im* Kranken ab und läßt sich nur aus seinen Aussagen oder – in einem späteren Krankheitsstadium – aus seinem Trinkverhalten und/oder anderen Verhaltensmerkmalen erschließen.

»Alkohol hebt die Stimmung!« heißt es. Ist das wirklich so? Richtig ist, daß Alkohol bei vielen Menschen hilft, Ängste und Hemmungen zu überwinden, Einsamkeit zu ertragen, Minderwertigkeitsgefühle, Spannungen, Versagensängste abzubauen oder zu überdecken und Freude zu verstärken. Alkohol »macht« dabei

■ **Alkoholismus – schädlicher Gebrauch und Abhängigkeit** ■

nicht direkt »lustig« – die Stimmung bessert sich indirekt durch den Abbau von Hemmungen. Die Erfahrung, daß Ängste und Spannungen nachlassen, daß sich die Stimmung hebt und anfänglich vielleicht auch die Leistungsfähigkeit, wenn man etwas Alkohol trinkt, wird Menschen in ähnlichen Situationen immer wieder veranlassen, sich vom Alkohol eine derartige Wirkung zu erhoffen.

Von der psychischen Abhängigkeit zum Kontrollverlust

Ist es anfangs vielleicht nur ein leichtes Bedürfnis, das eine oder andere Glas zu trinken, um sich etwas wohler zu fühlen und irgendwelche Probleme mehr in den Hintergrund treten zu lassen, kann sich mit der Zeit ein so starkes Verlangen nach Alkohol entwickeln, daß der Betreffende diesem Trieb kaum mehr widerstehen kann. Diesen Zustand bezeichnen wir als *psychische Abhängigkeit*.

Der ganze Prozeß beginnt äußerst schleichend (z. B. mit dem Wunsch, sich mit einem Gläschen Sekt anzuregen oder ein Bier »zum Einschlafen« zu trinken) und kann mehr oder minder bewußt ablaufen; seine Entwicklung dauert oft Jahre. Wird anfänglich die Wirkung des Alkohols lediglich als angenehm empfunden, verstärkt sich der innere Drang zum Trinken vor allem in Problemsituationen immer mehr. Damit wird dann oft auch das Alkoholtrinken häufiger und exzessiver. So vermindert sich Schritt für Schritt die Kontrolle dieses Menschen über sein Trinken *(Verschlechterung der Trinkkontrolle* bis hin zum *»Kontrollverlust«).*

Der Kontrollverlust setzt nur sehr selten bereits beim ersten Schluck Alkohol ein. In diesen wenigen Fällen trinkt der Kranke mit großer Gier innerhalb kürzester Zeit sehr viel Alkohol bis hin zur völligen Trunkenheit. In den weitaus meisten Fällen aber vermag der Betroffene geringere Mengen Alkohol problemlos »wegzustecken«. Erst nach drei bis vier Gläsern ist er nicht mehr in der Lage, mit dem Trinken aufzuhören und trinkt dann wesentlich mehr, als er eigentlich wollte. Typisch ist hier die Aussage vieler Alkoholkranker: »Nach ein paar Bieren beginnt bei mir erst der Durst.«

Wann hört das Verlangen nach Alkohol auf?

Viele Alkoholkranke wähnen sich in (falscher!) Sicherheit, wenn sie beispielsweise nach einer kurzen Zeit der Entgiftung (siehe Frage 75) kein Verlangen nach Alkohol mehr spüren und damit meinen, jetzt »endgültig geheilt« zu sein. Irgendwann und irgendwo wird den Betroffenen jedoch das Bedürfnis, Alkohol zu trinken, wieder überkommen, und sie fragen sich dann – unangenehm überrascht: »Hört denn diese Gier nach Alkohol nie auf?«

Diese Frage eindeutig zu beantworten, ist sehr schwer, weil das immer wieder auftretende Alkoholverlangen anscheinend sehr komplexe Ursachen hat und dabei offensichtlich biochemische und psychologische Faktoren zusammenspielen.

Psychologisch gesehen, wissen wir, daß Reaktionen des Menschen (z. B. hier Alkoholverlangen) fast immer an bestimmte Auslöser (z. B. hier Gedanken; Gefühle; das Beobachten anderer beim Trinken; das Vorbeigehen an einer Kneipe, in der der Betreffende früher regelmäßig getrunken hat) gebunden sind, d. h. daß es zum »Alkoholverlangen« nur in Verbindung mit bestimmten Auslösesituationen kommt, die im Verlauf der bisherigen »nassen« Zeit für das Trinken schon eine wichtige Rolle gespielt haben. Insofern ist es z. B. nicht verwunderlich, wenn das Verlangen nach Alkohol im Verlauf einer Entgiftung im Krankenhaus oder im Verlauf einer stationären Entwöhnungsbehandlung in einer Fachklinik nicht oder kaum jemals auftritt. Die Lebenssituation dort unterscheidet sich völlig von den täglichen Problemen und Sorgen, die dem Betroffenen »draußen« im Alltagsleben begegnen. Es fehlen im Krankenhaus oder der Fachklinik also viele der Auslöser, die vorher zum Alkoholverlangen und schließlich zum Alkoholtrinken geführt haben. Kommt der

■ **Alkoholismus – schädlicher Gebrauch und Abhängigkeit** ■

Betroffene aber wieder nach Hause, wird er sehr schnell wieder mit all diesen Problemen, Sorgen, Gedanken oder Orten (sog. »Gefahrenherden«) konfrontiert – und damit steigt auch die Gefahr eines wiedererwachenden Alkoholverlangens. Mit dem Alkoholverlangen wächst dann auch die Gefahr eines Rückfalls.

Ein wichtiger Teil der Entwöhnungsbehandlung besteht deshalb darin, diese »Gefahrenherde« zusammen mit dem Therapeuten möglichst umfassend und genau zu beschreiben, um den Alkoholkranken auf die Problemsituationen vorzubereiten und ihn in deren Bewältigung ohne Alkohol zu trainieren (sog. »Rückfallprophylaxe« = Vorbeugung gegen einen Rückfall, siehe Frage 93).

> **Unser Tip**
>
> Bei sehr starkem, quälendem Alkoholverlangen des Patienten können diese psychotherapeutischen Maßnahmen durch eine bestimmte medikamentöse Behandlung, die vom Arzt bestimmt werden muß, ergänzt werden (siehe Frage 79).

Ob das Verlangen nach Alkohol irgendwann aufhört? Wir können diese Frage letztlich nicht allgemeingültig beantworten. Wir wissen aber, daß das Alkoholverlangen meist um so leichter zu bewältigen ist und um so seltener auftritt, je mehr Zeit seit dem letzten Alkoholkonsum verstrichen ist, je länger also der Alkoholkranke wieder abstinent lebt.

9 Welche Haupttypen von Alkoholkranken (nach Jellinek) können wir unterscheiden?

Wenn im folgenden versucht wird, einige Haupttypen von Alkoholkranken zu beschreiben, so sei vorausgeschickt, daß – wie bei fast allen Kategorisierungsversuchen in anderen Fachgebieten – die aufgeführten Einteilungsmerkmale nicht immer zutreffen und die Alkoholkranken nicht immer und nicht vollständig in die vorgegebenen Typen einzuordnen sind. Es gibt viele Über-

■ **Welche Haupttypen von Alkoholkranken können wir unterscheiden?** ■

gangsformen und Mischtypen. Außerdem ist diese Einteilung nicht statisch. So entwickelt sich häufig der Konflikttrinker langsam hin zum süchtigen Trinker, der Gelegenheitstrinker allmählich zum Gewohnheitstrinker (siehe S. 24, Tab. 1).

»Konflikttrinker« (Alpha-Trinker)

Kennzeichnend für diesen Typ von Alkoholkranken ist die psychische Abhängigkeit (siehe Frage 7) vom Alkohol. Wie schon der Name sagt, trinken Konflikttrinker vornehmlich, um irgendwelche Spannungszustände aushalten zu können, z. B. wenn sie vor ihnen liegende Probleme (Prüfungen, Konflikte im privaten oder beruflichen Bereich u. ä.) bewältigen sollen. Weiterhin sind unter diesen Trinktyp Menschen zu zählen, die an schweren körperlichen und/oder psychischen Beeinträchtigungen leiden und glauben, ihre schwierige Situation nur unter Alkohol ertragen zu können.

Konflikttrinker zeigen im allgemeinen keine körperliche Abhängigkeit (siehe Frage 6) und verlieren auch kaum die Kontrolle über ihr Trinken. Sie schweben jedoch dauernd in Gefahr, sich zum »süchtigen Trinker« zu entwickeln.

»Gelegenheitstrinker« (Beta-Trinker)

Sie trinken nur dann übermäßig, wenn sich in Gesellschaft oder zu bestimmten Festtagen und Feierlichkeiten die Gelegenheit dazu bietet. Körperliche und psychische Abhängigkeit (Fragen 6 und 7) sind bei diesem Trinktyp nicht zu beobachten, selbstverständlich jedoch die üblichen körperlichen und geistigen Alkoholfolgeschäden (Fragen 21 und 22).

»Süchtiger Trinker« (Gamma-Trinker)

Es gibt Übergänge vom Konflikttrinker zum süchtigen Trinker. Beim süchtigen Trinker besteht meist eine körperliche, vor allem aber eine erhebliche psychische Abhängigkeit vom Alkohol (Fragen 21 und 22).

Alkoholismus – schädlicher Gebrauch und Abhängigkeit

● **Tab. 1: Übersicht über die verschiedenen Erscheinungsformen von Alkoholkranken (nach Jellinek)**

	körperliche Abhängigkeit	psychische Abhängigkeit	»Kontrollverlust«	sonstige Merkmale
»Konflikttrinker« (Alpha-Trinker)	nein	ja	nein	trinkt häufig sehr viel bei Problemen
»Gelegenheitstrinker« (Beta-Trinker)	nein	nein	nein	trinkt vornehmlich an Wochenenden und/oder in Gesellschaft; hat aber bereits körperliche und geistige Schäden
»Süchtiger Trinker« (Gamma-Trinker)	ja (meist)	ja	ja	kann Tage und Wochen *ohne* Alkohol auskommen
»Gewohnheitstrinker« (Delta-Trinker)	ja	nein (kann sich aber entwickeln)	nein	trinkt regelmäßig viel; kommt häufig aus alkoholnahem Beruf
»Quartalstrinker« (Epsilon-Trinker)	ja (nach Trinkexzessen)	nein	ja (bei Trinkexzessen)	trinkt unmäßig in Abständen, in der Zwischenzeit normal

■ **Welche Haupttypen von Alkoholkranken können wir unterscheiden?** ■

Süchtige Trinker müssen *nicht täglich* trinken, sie können Tage und eventuell auch Wochen völlig ohne Alkohol leben. Wenn sie jedoch einmal eine kleine Menge Alkohol trinken, können sie sich nicht sicher sein, nicht über kurz oder lang einen massiven Rückfall zu erleiden. Manchmal trinkt der Alkoholkranke dabei nach dem ersten Glas sofort weiter bis zum Vollrausch, meistens aber steigert er seine Trinkmenge zunehmend über Wochen hinweg, bis er zu irgendeinem Zeitpunkt wieder vollständig die Kontrolle darüber verliert (siehe Frage 7).

Häufig ist auch zu beobachten, daß Menschen, die eigentlich schon immer relativ viel Alkohol getrunken haben, durch äußere Problemsituationen (z. B. Ehescheidung, Tod einer Bezugsperson wie Partner oder Mutter oder durch Kündigung im Beruf u. ä.) in einen massiven Alkoholkonsum verfallen und schließlich relativ rasch die Kennzeichen eines »süchtigen Trinkers« aufweisen.

»Gewohnheitstrinker« (Delta-Trinker)

Gewohnheitstrinker sind Alkoholkranke, die gewohnheitsmäßig größere Alkoholmengen zu sich nehmen. Aufgrund des oft langjährigen massiven Alkoholkonsums besteht bei ihnen meist eine ausgeprägte körperliche Abhängigkeit (siehe Frage 6), verbunden mit der Unfähigkeit, auf Alkohol zu verzichten. Die Kontrolle über ihre Trinkmenge können sie jedoch im allgemeinen aufrechterhalten. Sie trinken jeden Tag, haben regelmäßig einen mehr oder weniger hohen Alkoholspiegel (»Spiegeltrinker«, siehe Frage 15), sind aber kaum jemals völlig betrunken.

»Quartalstrinker« (Epsilon-Trinker)

Quartalstrinker sind über Wochen und Monate hinweg völlig abstinent oder trinken genauso kontrolliert wie ein Nichtalkoholkranker. Irgendwann aber steigern sie ihren Alkoholkonsum, trinken dann über Tage hinweg große Mengen, so lange, bis sie körperlich zusammenbrechen. Während dieser Trinkepisoden besteht dann völliger »Kontrollverlust« (Frage 7); durch den massiven Alkoholexzeß treten oft schwerste soziale Folgen, manchmal auch körperliche Schädigungen auf.

Fallbeispiel

Wie sich bei »Quartalstrinkern« ein Rückfall entwickeln kann, zeigt folgendes Beispiel: Herr K., ein 52jähriger Selbständiger, trinkt 3 bis 4 Monate lang überhaupt keinen Alkohol. Dann aber, also etwa 3 bis 4 mal im Jahr, »kann der gefährliche Moment kommen ...«. Wie Herr K. diese Situation erlebt, beschreibt er im folgenden selbst:

»Zunächst existiert ... eine Situation, in der man sich nicht wohl fühlt und in der man auch nichts findet, das einen herausbringt bzw. die Stimmung verbessert. Wenn in dieser Situation sich dann das ›alkoholische Denken‹ einschleicht, nämlich plötzlich der Gedanke, daß man mit Alkohol doch die ganze Situation sehr schnell vergessen könnte, so versucht man zunächst, diesen Gedanken zu verdrängen. Es können nun ein paar Stunden oder ein Tag vergehen, bis dieser Gedanke wiederkommt. Er spielt sich dann in aller Deutlichkeit ab und gaukelt einem den guten Geschmack des Alkohols in Situationen vor, die im Moment sicherlich angenehmer sein könnten, nämlich sich irgendwo ganz gemütlich zu betrinken und dergleichen mehr. Das Ganze geht blitzschnell und wird dann mit einigen logischen Gedanken als absurd abgewiesen. Doch der Gedanke kommt wieder, und das Verlangen wird stärker. Dieses Spiel kann sich an einem Tag abspielen, es kann jedoch auch zwei bis drei Tage dauern. Dann kann der gefährliche Moment kommen, in dem kein Widerstand mehr da ist. Mit dem Denken an Alkohol ist jetzt ein so wahnsinnig großes Verlangen nach Alkohol da (Alkoholsucht), daß jegliches Denken und damit jegliche Widerstandskraft verdrängt werden. Der erste Schluck Alkohol erfolgt meist mit einer solchen Gier ..., daß man diesen Moment hinterher kaum ganz klar beschreiben kann.«

10 Welche Verlaufsphasen finden sich im Alkoholismus?

Im zeitlichen Ablauf der Entwicklung von Alkoholismus können (nach der Einteilung durch Jellinek) vier Phasen unterschieden werden (Abb. 1):

- voralkoholische Phase
- Anfangsphase
- kritische Phase
- chronische Phase

Die ersten beiden Phasen werden oft weder vom Betroffenen noch von den Angehörigen richtig wahrgenommen und erkannt.

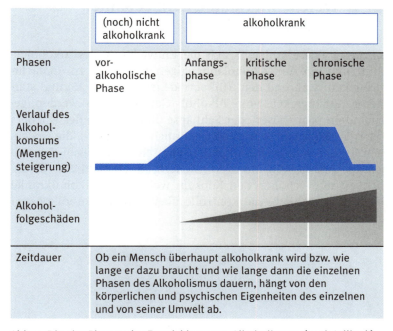

Abb. 1: Die vier Phasen der Entwicklung von Alkoholismus (nach Jellinek)

Alkoholismus – schädlicher Gebrauch und Abhängigkeit

11 Welche Merkmale kennzeichnen die voralkoholische Phase?

Diese Phase meint das in unseren Breiten weitgehend übliche (fast schon automatische) Alkoholtrinken: beim Essen, beim Kartenspielen, Fernsehen, zu festlichen Gelegenheiten usw. Die meisten Menschen verbleiben ständig in dieser Phase des gesellschaftlichen Trinkens, aber einige von ihnen setzen den Weg zum Alkoholmißbrauch und Alkoholismus fort. Sie trinken häufiger und auch mehr als andere. Dabei beginnen sie, den Alkohol seiner Wirkung wegen zu trinken. Alkohol verschafft ihnen Erleichterung, verdeckt Probleme und täuscht ein Gefühl der Stärke vor. Damit ist der Weg in die Anfangsphase geebnet.

12 Welche Merkmale kennzeichnen die Anfangsphase?

In dieser Phase vollzieht sich die Entwicklung des Alkoholgefährdeten hin zum Alkoholabhängigen. Es kommt zu »Gedächtnislücken« während der Trinkperiode (siehe Frage 25) und stärkerer Abhängigkeit vom Alkohol. Gelegenheiten werden gesucht, ein paar Gläser oder Schnäpse ohne Wissen des Partners oder der Kollegen zu trinken (»heimliches Trinken«), die Gedanken kreisen häufig um Alkohol. Gewissensbisse wegen des steigenden Alkoholkonsums verunsichern zunehmend die Persönlichkeit und erhöhen den Konsum weiter: Der Alkoholkranke beginnt allmählich, die Kontrolle über seinen Alkoholkonsum zu verlieren.

Welche Merkmale kennzeichnen die chronische Phase?

 ### 13 Welche Merkmale kennzeichnen die kritische Phase?

Der Betroffene kämpft gegen seine Alkoholkrankheit und verfällt ihr dennoch immer mehr. Weitere typische Charakteristika dieser Phase sind: der Versuch, sein Trinken zu rechtfertigen, wachsendes Desinteresse an Freizeitbeschäftigungen; Streitereien in der Familie und Konflikte am Arbeitsplatz bis hin zum Arbeitsplatzverlust.

In der Folge isoliert sich der Alkoholkranke zunehmend, auch seine Freunde ziehen sich von ihm zurück. Er vernachlässigt seine Ernährung und trinkt regelmäßig schon am Morgen oder am Vormittag. Beim Absetzen des Alkohols treten verschiedene Entzugserscheinungen auf (z. B. Zittern, Brechreiz, Schweißausbrüche u. ä.). Neben der psychischen Abhängigkeit (siehe Frage 7) hat der Kranke jetzt auch die körperliche Abhängigkeit entwickelt (siehe Frage 6).

An die kritische Phase schließt sich die chronische Phase an.

 ### 14 Welche Merkmale kennzeichnen die chronische Phase?

Die chronische Phase der Alkoholabhängigkeit setzt mit Rauschzuständen ein, die oft tagelang andauern. Typisch für diese Phase sind auch die organischen Schädigungen des Gehirns, die sich in deutlichen Gedächtnisstörungen und einer Veränderung der Persönlichkeit des Alkoholkranken (siehe Frage 22) zeigen. Schließlich tritt der sog. *Toleranzbruch* auf. Der Alkoholkranke benötigt dann nur geringe Mengen Alkohol, um so betrunken zu sein, wie er es früher mit großen Mengen war. Toleranzbruch heißt also, daß die Alkoholverträglichkeit (fast) völlig zusammengebrochen ist. In diesem fortgeschrittenen Stadium der Krankheit sind die Alkoholkranken meist nicht mehr arbeitsfähig.

15 Was ist »Spiegeltrinken«?

Viele Alkoholkranke, die aufgrund von Konflikten oder durch gewohnheitsmäßigen Alkoholkonsum alkoholkrank wurden, fühlen sich nur dann wohl, wenn sie eine bestimmte Menge Alkohol, also einen bestimmten »Alkoholspiegel« im Blut haben. Da aber der Alkohol im Körper laufend abgebaut wird (siehe Frage 119), muß der Alkoholkranke den abgebauten Alkohol immer wieder ergänzen, weil sonst Entzugserscheinungen auftreten (siehe Frage 6). Diesen steten Versuch, den »Alkoholspiegel« aufrechtzuerhalten, nennt man »Spiegeltrinken«.

16 Was ist Erleichterungstrinken?

Von Erleichterungstrinken spricht man, wenn für einen Menschen Ängste, Minderwertigkeitsgefühle, Einsamkeit und viele andere Probleme leichter zu ertragen sind, sobald er Alkohol trinkt. Dieser Mensch trinkt also Alkohol nicht bzw. nicht nur aus Genuß, sondern seiner Wirkung wegen! Das Erleichterungstrinken steht häufig am Anfang des Weges zum Alkoholismus, führt zu immer größeren Schwierigkeiten und dadurch wiederum zu häufigerem und stärkerem Trinken (»Teufelskreis«, siehe S. 31, Abb. 2).

Sich Probleme durch Alkoholtrinken zu erleichtern bedeutet aber keinesfalls, daß diese Probleme auch gelöst werden – im Gegenteil, der Alkohol *verhindert* ihre Lösung, schafft aber zusätzlich neue Probleme! Alkohol ist deshalb kein geeignetes Mittel, mit Problemen fertig zu werden.

17 Gibt es eine Suchtverlagerung (»Umsteigeeffekt«)?

Alkoholkranke, die anfangen, abstinent zu leben, berichten über erhöhten Konsum von Zigaretten, Kaffee, Mineralwasser usw. Man könnte auch sagen, sie »steigen um« auf andere Mittel. Hat sich also jetzt die Sucht verlagert?

Gibt es eine Suchtverlagerung?

Wie wir wissen, wird Alkohol vom Abhängigen meist seiner Wirkung wegen benutzt (siehe Frage 16). Trinkt er jetzt keinen Alkohol mehr, so steht er – zumindest anfangs – seinen Problemen recht hilflos gegenüber. Die Angst ist ja noch vorhanden, die er vorher »wegtrinken« konnte, er ist deshalb unruhig und nervös. Diesen Unruhezustand sucht er jetzt mit nichtalkoholischen Mitteln zu bekämpfen. Solche »Ersatzmittel« müssen wir jedoch ihrer Gefährlichkeit nach unterschiedlich betrachten und bewerten.

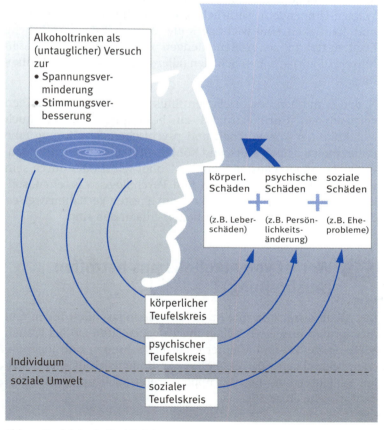

Abb. 2: Teufelskreis Suchttrinken

■ Alkoholismus – schädlicher Gebrauch und Abhängigkeit ■

Gefährliche Ersatzmittel
Gefährlich ist eine ganze Reihe von »Ersatzmitteln«, die – ähnlich wie Alkohol – zu körperlichen Schäden und Abhängigkeit führen können, z. B. bestimmte Medikamente (manche Psychopharmaka, Schmerz- und Schlafmittel) oder Tabakwaren (siehe Fragen 38 bis 43).

Ungefährliche Ersatzmittel
Primär ungefährlich ist es, wenn der Alkoholabhängige auf Dinge »umsteigt«, die ihm auch sonst gut schmecken (z. B. Kuchen, Schokolade) oder einfach auf nichtalkoholische Getränke (z. B. Wasser, Limonaden). Natürlich spielen auch hier Konsummenge und -häufigkeit eine wichtige Rolle, denn selbst ungefährliche Ersatzmittel in zu großen Mengen und zu häufig genossen führen zu körperlichen Schäden (allerdings zu anderen als Alkohol!).

Neben dem oben beschriebenen Effekt, mit diesen Mitteln den vorhandenen Unruhezustand zu bekämpfen, dürften auch Aspekte einer körperlichen und psychischen Gewöhnung eine Rolle spielen. Flüssigkeits- und Kohlehydratzufuhr gleichen Mangelerscheinungen aus, die durch Alkohol selbst oder durch sein schnelles Absetzen entstanden sind. Psychologisch gesehen, stellen »viel Essen« oder »viel Trinken« am ehesten Verhaltensweisen dar, die aufgrund von Gewohnheiten entstanden sind.

18 Wer ist von Alkoholismus betroffen (Ausbreitung)?

Der Alkoholismus ist eine Krankheit, die in fast allen Teilen und Altersstufen unserer Bevölkerung zu beobachten ist: bei Frauen (siehe Frage 59) und Männern, bei Erwachsenen und Jugendlichen (siehe Frage 60). Alkoholkranke finden sich in allen sozialen Schichten und Berufsgruppen, wenn auch unterschiedlich häufig (siehe Frage 55).

Die Anzahl der behandlungsbedürftigen Alkoholkranken wird in der *Bundesrepublik Deutschland* auf ca. 2 bis 3 Prozent der Gesamtbevölkerung geschätzt; dieser Prozentsatz entspricht somit einer Gesamtzahl von 1,8 bis 2,6 Millionen Alkoholkranken.

Auch in *Österreich* beträgt die Anzahl der behandlungsbedürftigen Alkoholkranken 2 bis 3 Prozent der Bevölkerung; insgesamt ist somit in Österreich mit ca. 140 000 bis 210 000 Alkoholkranken zu rechnen.

In der *Schweiz* wird die Zahl der Alkoholkranken auf mindestens 2 Prozent der Gesamtbevölkerung (d. h. mindestens 130 000) geschätzt.

19 Wieviel wird getrunken?

Bundesrepublik Deutschland

Der Pro-Kopf-Verbrauch, umgerechnet auf reinen Alkohol, stieg von 3,27 Litern im Jahr 1950 auf 11,9 Liter im Jahr 1990 (Maximum 1980: 12,7 Liter), ist aber in den letzten Jahren leicht rückläufig: im Jahr 1997 lag er bei 10,9 Litern.

Der Bierverbrauch stieg im gleichen Zeitraum von 35,6 Liter auf 131,1 Liter. Er hatte seinen Höhepunkt 1976 mit 150,9 Litern. Der Weinverbrauch ist von 4,7 Litern auf 18,2 Liter angestiegen, ebenfalls aber in den letzten Jahren leicht rückläufig (1986: 23,2 Liter). Dies gilt auch für den Schnaps. Hier stieg der Konsum von 2,5 Litern auf 7,5 Liter an (1991), fiel dann aber wieder ab auf 6,1 Liter im Jahr 1997.

Österreich

Die Statistiken über den Pro-Kopf-Verbrauch von Alkohol in Österreich dürften bis 1993 recht verläßlich gewesen sein. Seither aber besteht Unsicherheit. Vor allem seit dem Beitritt Österreichs zur EU (1995) hat nämlich der nicht in offiziellen Statistiken dokumentierte private Import und Export alkoholischer Ge-

Alkoholismus – schädlicher Gebrauch und Abhängigkeit

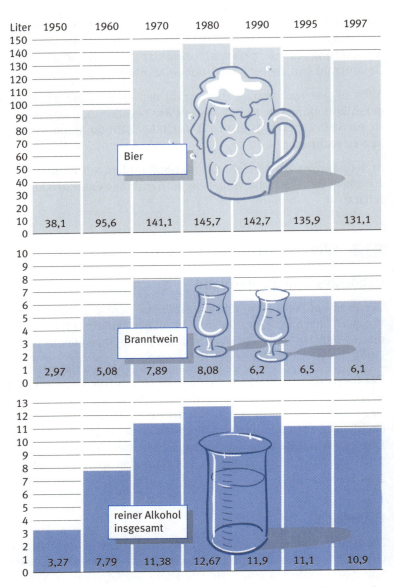

Abb. 3: Pro-Kopf-Verbrauch von Alkohol in der Bundesrepublik Deutschland

tränke stark zugenommen, so daß die offiziellen Statistiken als Grundlage für die Schätzungen des Pro-Kopf-Verbrauchs heute relativiert werden müssen. Ein zusätzliches Problem stellt nach Uhl & Springer (1996) der hohe Mostkonsum dar, der nach ihren Untersuchungen in den Jahren 1993/94 ca. 6 % des in Österreich konsumierten reinen Alkohols betrug.

Unter Berücksichtigung der genannten Aspekte muß in Österreich von einem Pro-Kopf-Verbrauch von 11,2 Litern reinen Alkohols ausgegangen werden (1960: 7,5 Liter; 1970: 10,9 Liter; 1980: 11,5 Liter; 1990: 12,1 Liter).

Der Bierkonsum betrug 1995 pro Kopf der Bevölkerung 114,3 Liter (1990: 120,4 Liter), der Weinkonsum 31,9 Liter (1990: 34,8 Liter), der Spirituosenkonsum ca. 3,5 Liter, was ca. 1,2 Litern reinen Alkohols entspricht (1990: 4,5 Liter bei 1,5 Litern reinem Alkohol).

Insgesamt betrachtet, ist der durchschnittliche Alkoholkonsum in Österreich von ca. 1950 bis Anfang der 70er Jahre konstant angestiegen und bis Anfang der 90er Jahre auf erreichtem Niveau geblieben. Dann folgte eine leichte Trendwende in Richtung etwas weniger Alkohol, die sich allerdings erst 1994 mit einem Rückgang des Pro-Kopf-Verbrauchs um 9 % deutlich bemerkbar machte.

Schweiz

In der Schweiz betrug der Pro-Kopf-Verbrauch reinen Alkohols 1995 insgesamt 10,0 Liter. Im einzelnen wurden pro Einwohner 62,2 Liter Bier, 43,6 Liter Wein und ca. 3,7 Liter (= 1,5 Liter reinen Alkohols) Branntwein getrunken.

Alkoholismus – seine Folgen

20 Welche Folgen können durch Alkoholmißbrauch entstehen (siehe Abb. 4)?

Ein *Alkoholmißbrauch* führt zu

- Schädigungen der körperlichen Gesundheit (siehe Fragen 21 und 24)
- psychischen Schäden (siehe Fragen 22 und 28) und Verhaltensstörungen (siehe Fragen 30 und 35)
- sozialen Schwierigkeiten (siehe Fragen 33 bis 37)

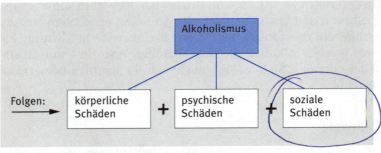

Abb. 4: Folgeerscheinungen des Alkoholmißbrauchs

21 Welche körperlichen Schäden können durch Alkoholmißbrauch entstehen?

Alkohol hat wie kaum eine andere Substanz gleichzeitig vier verschiedene Eigenschaften:

Er ist ein Nahrungsmittel, ein Genußmittel, ein Rauschmittel und ein Gift (siehe Frage 45).

Welche körperlichen Schäden können entstehen?

Alkohol ist sogar sehr giftig, insbesondere, wenn er in größeren Mengen und sehr rasch getrunken wird. So kann zum Beispiel eine Flasche Schnaps, in kurzer Zeit konsumiert, zu tödlicher Vergiftung führen (siehe Frage 31). Geringere Mengen Alkohol können auch schädlich sein, wenn sie regelmäßig über längere Zeit getrunken werden.

Die individuelle Verträglichkeit des Alkohols hängt von einer Reihe von Faktoren ab

- dem Geschlecht (in der Regel vertragen Frauen deutlich geringere Mengen Alkohol als Männer)
- der Rasse (viele Menschen, wie zum Beispiel einige Asiaten vertragen deutlich weniger Alkohol als zum Beispiel Mitteleuropäer, sog. Kaukasier)
- der körperlichen und psychischen Konstitution
- der Alkoholgewöhnung
- dem Alter (insbesondere Kinder und ältere Menschen vertragen Alkohol deutlich schlechter)
- situativen Faktoren (z.B. Übermüdung)

Alkohol kann fast alle Organsysteme schädigen. Wenn sich der Betreffende zusätzlich ungenügend oder fehlerhaft ernährt, besteht ein Mangel an einzelnen Spurenelementen und Vitaminen.

Mangel an Spurenelementen und Vitaminen führt zu

- Schädigungen der Leber (Fettleber, Leberentzündung [Hepatitis], Leberzirrhose)
- Schädigungen der Magenschleimhaut (Gastritis)
- Schädigungen der Bauchspeicheldrüse (Pankreatitis)
- Schädigungen des Herzens (Kardiomyopathie)
- Nervenentzündungen (Polyneuropathie)
- Hirnschädigungen, einschließlich epileptischer Anfälle
- Schädigungen verschiedener endokriner Organe

■ Alkoholismus – seine Folgen ■

- Hautveränderungen
- sonstigen Krankheiten (erhöhter Infektionsanfälligkeit)
- Schädigungen der weiblichen und vor allem männlichen Geschlechtsorgane
- Schädigungen des Embryos

In den letzten Jahren ist darüber hinaus auch bekannt geworden, daß Alkohol die Wahrscheinlichkeit für das Auftreten zahlreicher Krebserkrankungen deutlich erhöht. Dazu gehören nicht nur Leber- und Lungenkrebs, sondern auch verschiedene andere Tumore.

Schädigungen der Leber
Abgebaut wird der Alkohol fast ausschließlich in der Leber. Die Leber, das wichtigste Stoffwechselorgan des Menschen, wird damit zum Hauptangriffspunkt des Alkohols. Schon relativ geringe Mengen Alkohol können Veränderungen im Zellaufbau der Leber auslösen, die sich aber – bei schwacher Ausprägung – wieder zurückbilden können. Bei länger andauerndem Konsum größerer Mengen Alkohol kommt es jedoch zu schweren Schäden. Es hat sich gezeigt, daß mit Leberschäden zu rechnen ist, wenn täglich mehr als 60 Gramm Alkohol getrunken werden (diese Menge entspricht zum Beispiel zwei Litern Bier, oder dreiviertel Litern Wein, oder fünf großen Schnäpsen, 35 Volumenprozent). Bei Frauen liegt der Grenzwert klar niedriger. Neuere Untersuchungen deuten darauf hin, daß noch geringere Mengen bereits zu Schädigungen der Leber führen. In anderen Organsystemen können jedoch generell schon wesentlich kleinere Mengen, über lange Zeit hinweg genossen, erheblichen Schaden anrichten!

Die Leberschädigungen zeigen sich zunächst meist in einer Verfettung der Leberzellen (Fettleber), d.h. in den Leberzellen lagert sich vermehrt Fett ein. Gleichzeitig kommt es zu einer Vergrößerung des Organs. Die Leber ist jetzt vergrößert tastbar, oder stellt sich auch bei Ultraschalluntersuchungen (Sonographie) des Bauchraums vergrößert dar. Infolge der Verfettung nimmt ihre Funktionsfähigkeit ab.

Welche körperlichen Schäden können entstehen?

Die Leberverfettung läßt sich in vielen Fällen auch durch bestimmte Blutuntersuchungen (Veränderungen der sog. Leberwerte) erkennen. Bei Alkoholabstinenz ist eine Rückbildung der Leberverfettung und auch der erhöhten Laborwerte zu erwarten. Jedoch ist mit der Normalisierung der Organbefunde das Problem des Betroffenen, nämlich sein Alkoholmißbrauch oder seine Abhängigkeit, in keiner Weise gelöst ist, sondern bedarf einer eigenen Behandlung (siehe Frage 62 bis Frage 101).

Eine weitere wesentlich schwerwiegendere und gefährlichere Schädigung der Leber stellt die alkoholisch bedingte Leberentzündung (Hepatitis) dar. Hier kommt es zu entzündlichen Veränderungen am Lebergewebe. Vielfach treten auch erhebliche klinische Krankheitserscheinungen wie Verdauungsstörungen und Gelbsucht auf. Die Leberentzündung ist besonders im Hinblick auf eine mögliche Leberzirrhose gefährlich. Bei dieser Krankheit, die chronisch über Jahre verläuft und auch weiter fortschreiten kann, wenn der Alkoholmißbrauch aufgegeben wurde, wird das Lebergewebe durch Bindegewebe ersetzt (die Leber vernarbt), so daß die Leber ihre Funktionen nicht mehr zu erfüllen vermag. Typische Symptome der Leberzirrhose, vor allem im späten Verlauf, sind Völlegefühl, starke Blähungen, schließlich Wassersucht (Aszites) und Ausweitung der Blutgefäße an der Speiseröhre (Ösophagusvarizen), die lebensgefährliche Blutungen verursachen können. Die Leberzirrhose ist die mit Abstand häufigste Todesursache bei Alkoholkranken. Zwar können auch andere Erkrankungen zu Leberschäden und Leberzirrhose führen (z.B. Viruserkrankungen), in den meisten Fällen werden sie jedoch durch Alkoholmißbrauch bedingt.

Magenschleimhautentzündung (Gastritis)

Durch langandauernden Konsum, insbesondere von hochprozentigem Alkohol (Schnaps), kommt es zu einer Schädigung der Magenschleimhaut, die sogar zu Magenblutungen mit Bluterbrechen führen kann. Meist bestehen Völlegefühl, Magenschmerzen, Brechreiz und Appetitlosigkeit. Zur Sicherung der Diagnose ist häufig eine Magenspiegelung notwendig. Dies auch deswegen, weil seit einigen Jahren bekannt ist, daß bei Magengeschwüren ein bestimmtes Bakterium (Helicobacter pylori) eine große Rolle spielt. Bei dessen Nachweis ist eine antibiotische Behandlung notwendig.

Entzündung der Bauchspeicheldrüse (Pankreatitis)
Etwa ein Viertel aller Menschen, die an dieser schweren Krankheit leiden, sind Alkoholkranke. Die Pankreatitis äußert sich in sehr heftigen Schmerzen im Oberbauch, die mit Verdauungsstörungen und Durchfällen verbunden sind. Die Krankheit ist sehr gefährlich und führt in vielen Fällen zum Tode.

Herzmuskelerkrankung (Kardiomyopathie)
Häufiger als früher bekannt, schädigt chronischer Alkoholkonsum auch den Herzmuskel, was sich unter anderem in Herzklopfen (Herzrhythmusstörungen), Atemnot, verminderter körperlicher Belastbarkeit und Schwellungen (vorwiegend in den Beinen) äußert. Auch diese Schädigung ist sehr gefährlich.

Nervenentzündungen (Polyneuropathie)
Etwa jeder fünfte Alkoholkranke bekommt diese Krankheit. Sie befällt hauptsächlich die Nerven der Beine. Sie beginnt mit Taubheitsgefühlen, Kribbeln und Schmerzen in den Beinen, später können noch Lähmungen in der Muskulatur hinzukommen, sodaß das Geh- und Stehvermögen schwer gestört wird. Die Nerven der Arme und anderer Körperteile werden seltener betroffen. Bei Alkoholabstinenz ist die Prognose der Polyneuropathie in vielen Fällen recht günstig. Neben den langen Nerven der Extremitäten können auch andere Nervenstränge geschädigt sein, was beim Mann zum Beispiel zu Impotenz führen kann.

Hirnschädigungen
Das Gehirn gehört zu den am häufigsten und schwersten betroffenen Organen. Allerdings sind die Folgen der Hirnschädigung oft erst relativ spät zu erkennen. Untersuchungen an Personen mit langjährigem Alkoholmißbrauch haben gezeigt, daß diese im Gegensatz zu Nichtalkoholkranken viel häufiger eine Hirnschrumpfung bekommen, wie sie sonst bei alten Menschen oder bestimmten schweren Hirnkrankheiten beobachtet wird. Diese Hirnschrumpfung kann man mit modernen neuroradiologi-

Welche körperlichen Schäden können entstehen?

schen Methoden (Computertomographie, Kernspintomographie) nachweisen. Mit dieser Hirnschrumpfung geht häufig eine Minderung der geistigen und psychischen Leistungsfähigkeit (siehe Frage 22) einher. Die Hirnschäden können sich im Laufe von Monaten ganz oder teilweise zurückbilden, dies aber nur, wenn sie nicht zu stark ausgeprägt sind und eine strikte Alkoholabstinenz eingehalten wird.

Sonstige Krankheiten, die mit Alkoholmißbrauch zusammenhängen

Bei vielen Alkoholkranken nimmt die Anfälligkeit für Infektionskrankheiten (z.b. Grippe) zu, weil die natürlichen Abwehrvorgänge des Körpers geschwächt werden. Alkohol beeinflußt auch die männlichen Sexualorgane ungünstig. Schon bei einmaligem Konsum größerer Alkoholmengen läßt sich eine deutliche Verringerung des männlichen Sexualhormons im Blut nachweisen. Bei chronischem Alkoholmißbrauch kommt es zu einer Schrumpfung des Hodengewebes, die mit einer Senkung der Produktion männlicher Sexualhormone einhergeht. Dies führt zu einer Schwächung der Potenz (wobei auch die oben angesprochene Polyneuropathie eine Rolle spielen kann!) und zusätzlich zu Körperveränderungen wie Anschwellen der Brustdrüsen und Verlust der männlichen Genitalbehaarung. Ganz allgemein bewirkt Alkoholismus beim Mann eine gewisse »Verweiblichung«.

Alkohol und Krebs

In den letzten Jahren haben breit angelegte Untersuchungen gezeigt, daß es bei chronischem Alkoholmißbrauch zu einem erheblich gesteigerten Risiko für verschiedene Krebserkrankungen kommen kann. Hierbei spielt nicht nur die Wirkung von Alkohol als Zellgift eine große Rolle, sondern auch ein häufig gleichzeitig vorliegender Nikotinkonsum sowie eine Mangelernährung, zum Beispiel an Vitaminen. Gesichert ist bei chronischem Alkoholmißbrauch unter anderem eine erhöhte Rate für das Auftreten von Leberkrebs, Zungen- und Rachenkrebs, Speiseröhrenkrebs, Lungenkrebs. Neuere Befunde zeigen auch eine Häufung von Brustkrebs (bei Frauen) sowie von Dickdarmkrebs. Eine erhöhte Rate von Magenkrebs ist dagegen nicht sicher.

■ Alkoholismus – seine Folgen ■

Schädigungen des Embryos (Alkoholembryopathie)
siehe dazu Frage 29.

 Welche psychischen Störungen können durch Alkoholmißbrauch entstehen?

Eine durch den Alkoholmißbrauch bedingte Hirnschädigung (siehe Frage 21) führt auch zu zahlreichen psychischen Störungen:

Die Hirnschädigung bedingt dabei

- die Beeinträchtigung des Gedächtnisses (siehe Frage 25)
- eine allgemeine Verlangsamung und Störung der Motorik
- das Nachlassen der Urteils- und Kritikfähigkeit
- einen Verlust des Gefühlserlebens mit Enthemmung, Rührseligkeit, Apathie bzw. zunehmender Gleichgültigkeit
- Störungen der Informationsverarbeitungskapazität und der Merkfähigkeit
- häufig auch Antriebsmangel

Die Interessen engen sich immer mehr auf Alkohol ein; Aufgaben und Verpflichtungen in Beruf und Familie verlieren an Bedeutung (siehe Frage 33). Angst und traurige Verstimmungen mit Schuldgefühlen und Selbstmordgedanken herrschen vor, andererseits kann sich auch eine euphorische Enthemmung entwickeln. Besonders im Rauschzustand kommt es nicht selten zu aggressiven Handlungen. Kennzeichnend für einen alkoholbedingten Persönlichkeitsabbau sind häufig der rasche Wechsel der Stimmung und eine Veränderung des Lebensumfeldes. Neben diesem Wandel in der Gesamtpersönlichkeit können häufig auch Störungen auftreten, die in den Bereich der Geisteskrankheiten gehören, wie zum Beispiel Sinnestäuschungen (Halluzinationen), Verwirrtheitszustände mit Verlust der Orientierung von Raum und Zeit sowie Wahnideen (zum Beispiel Verfolgungs- oder Eifersuchtswahn).

Warum »lügt« der Alkoholkranke?

In seltenen Fällen, besonders nach Alkoholdelir (siehe Frage 26) und bei unzureichender, vitaminarmer Ernährung, können die Störungen des Gedächtnisses und der Orientierung sehr rasch auftreten, sehr erheblich sein und dann dauerhaft bestehen bleiben (sog. Korsakow-Syndrom). Die Kranken verkennen ihre derzeitige Umgebung und leben gleichsam in einer anderen Situation, die meist aus ihrem früheren Leben stammt. Ausgeprägte Störungen der Merkfähigkeit, zum Teil auch des Gedächtnisses liegen vor. Diese Patienten sind in der Regel nicht mehr in der Lage, ihre Angelegenheiten selbst zu besorgen. Werden sie nicht in der Familie gestützt, müssen sie in Pflegeheimen betreut werden.

23 Warum »lügt« der Alkoholkranke?

Alkoholkrank sein bedeutet vor allem, abhängig zu sein im doppelten Sinne: einerseits vom Alkohol selbst, andererseits auch im Sinne von Unfreiheit. Wer alkoholkrank ist, kann nämlich Versprechungen und gute Vorsätze meist nicht einhalten. Enttäuschungen sind daher unausweichlich.

Der Alkoholkranke verdeckt seinen Zustand vor sich und den anderen, zum einen aus Angst, den Alkohol aufgeben zu müssen, zum anderen, um sich einen Rest an (Selbst-)Achtung zu erhalten. Jeden Versuch, ihm seine Abhängigkeit »beweisen« zu wollen, erlebt er als Angriff gegen seine Person, gegen den er sich mit aller Kraft wehren muß.

Bei Angehörigen, bei Freunden und Kollegen entsteht deshalb der Eindruck, einen »aussichtslosen Kampf« zu führen, in dem sie ständig unterliegen.

Dieser typischerweise stattfindende Kampf ist aber nicht nur aussichtslos, er *schadet* auch dem Betroffenen, dem ja eigentlich geholfen werden soll:

Alkoholismus – seine Folgen

> **Der Kampf der Angehörigen, dem Alkoholkranken die Abhängigkeit zu beweisen,**
>
> - zerstört die Vertrauensbasis mehr und mehr
> - treibt den Abhängigen mit seinen Schuld- und Schamgefühlen dazu, Rechtfertigungen für sein Verhalten in den Fehlern der anderen zu suchen (im Sinne von »Angriff ist die beste Verteidigung!«)
> - ist für sich schon wieder ein »Grund«, erneut zum Suchtmittel zu greifen
> - führt beim Betroffenen dazu, nicht über sich selbst nachdenken zu müssen (weil er seine Aggressionen gegen den ihn attackierenden Partner wenden kann!)
> - führt beim Angehörigen (oder im Betrieb) dazu, daß dieser sich ständig in Gedanken mit dem Problem beschäftigt und dadurch in ein Auf und Nieder von Stimmungen gerät, abhängig davon, ob der (die) Alkoholkranke nun gerade trinkt oder nicht; was das eigene Leben (die Arbeit im Betrieb) massiv einschränkt!

 Ist die Lebenserwartung von Alkoholikern beeinträchtigt?

Ganz erheblich! Einige Modellrechnungen gehen davon aus, daß in Deutschland jährlich etwa 50 000 Menschen an den Folgen ihres Alkoholkonsums sterben. Die Lebenserwartung des Alkoholkranken im Vergleich zu jener eines Nichtalkoholkranken ist im Einzelfall schwer zu beurteilen, weil Alkoholismus allein selten die Todesursache bei Alkoholkranken darstellt. Viele der zuvor aufgeführten alkoholbedingten Schädigungen (siehe Frage 21) können zum Tode führen. Dadurch kommt es zu einer Minderung der allgemeinen Lebenserwartung. Außerdem bringt Alkoholismus durch die Organschädigungen und die Beeinträchtigungen der psychischen Leistungsfähigkeit eine erhöhte Anfälligkeit für viele andere Krankheiten mit sich (siehe Frage 22). Die häufigsten Todesursachen bei Alkoholikern sind bei Männern

Was sind Gedächtnislücken (»Filmrisse«)?

die Leberzirrhose, Tumore des oberen Verdauungstraktes und der Lunge, Herzerkrankungen, ferner auch unnatürliche Ursachen wie Selbstmord und Unfälle. Bei Frauen sind Leberzirrhose sowie Selbstmord die häufigsten Todesursachen. Insgesamt gilt: Alkoholkranke begehen wesentlich häufiger Selbstmord als Nichtalkoholkranke, ebenso sind sie durch Unfälle am Arbeitsplatz, im Verkehr und zu Hause besonders gefährdet (siehe Fragen 33 und 35). Außerdem führt die gleichzeitige Einnahme von anderen Rauschmitteln, speziell auch Nikotin, zu einer weiteren Schädigung verschiedener Organsysteme, so daß die Lebenserwartung zusätzlich sinken kann. Auch wegen der erheblich gesteigerten Sterblichkeit von Alkoholkranken gilt, daß Alkoholismus eine in vielen Fällen sich selbst limitierende Erkrankung darstellt, d. h., relativ wenige Alkoholkranke werden alt.

Was sind Gedächtnislücken (»Filmrisse«)?

Alkohol schädigt das Gedächtnis in mehrfacher Hinsicht. So wird u. a. durch Alkohol das Kurzzeitgedächtnis beeinflußt. Der Alkoholisierte kann sich zum Beispiel nicht mehr erinnern, in welchem Lokal er war, wo er das Auto gelassen hat, was er alles gesagt und getan hat und wie er überhaupt nach Hause gekommen ist (»Gedächtnislücken«). Solche Gedächtnislücken sind ein relativ typisches Frühsymptom eines beginnenden Alkoholismus und beunruhigen den Betroffenen häufig. Es ist aber ohne weiteres möglich, daß Familienangehörige und Freunde diese Folgeerscheinungen nicht bemerken und der Betroffene sich selbst ansonsten völlig unauffällig verhält.

Die Gedächtnislücken sind Ausdruck einer akuten Vergiftung des Gehirns und treten in der Regel nur bei höherer Alkoholisierung auf. Sie sind schon relativ früh im Verlauf einer »Alkoholkarriere« zu beobachten. Gedächtnislücken gelten als Anzeichen dafür, daß eine alkoholbedingte Hirnschädigung (siehe Frage 21) eingetreten ist.

Was ist ein Alkoholdelir (Delirium tremens)?

Eine weitere relativ häufige und eindrucksvolle psychische Störung bei Alkoholismus ist das Delirium tremens (auch als »Delir« bekannt). Es ist eine lebensbedrohliche akute Geisteskrankheit, die meist nach einem plötzlichen Alkoholentzug (Alkoholentzugsdelir), zum Beispiel durch eine akute körperliche Erkrankung und folgender stationärer Behandlung auftritt. In manchen Fällen kommt es auch unabhängig von einer Reduktion des Alkoholkonsums zum Delir. Es treten dabei schwere Angst- und Unruhezustände sowie Sinnestäuschungen auf (z.B. Sehen von weißen Mäusen und anderen Kleintieren oder von Fäden oder »Erleben« von meist grausigen Geschehnissen), gerade im Vorfeld häufig auch Krampfanfälle. Die Kranken zittern und schwitzen sehr stark und sind oft fiebrig. Besonders betroffen können auch der Kreislauf (Blutdruck und Puls) sein. Wenn keine rechtzeitige und sachkundige Behandlung eintritt, sterben bis zu 20 Prozent der Kranken innerhalb weniger Tage. Das Delirium tremens klingt je nach Behandlung nach einigen Tagen bis maximal zwei Wochen wieder ab. Ein Delir stellt immer einen medizinischen Notfall dar, der stationär behandelt werden muß. Störungen der Merkfähigkeit und andere Zeichen einer Hirnschädigung (siehe Frage 22) können bestehen bleiben.

 Was sind alkoholbedingte Krampfanfälle?

Bei etwa jedem siebten Alkoholkranken kommt es im Verlauf seiner »Alkoholkarriere« zum Auftreten von epileptischen Anfällen. Diese entwickeln sich typischerweise schlagartig und gehen mit einem plötzlichen Bewußtseinsverlust sowie Krämpfen der Muskulatur einher. Die Krampfanfälle können auf eine spezielle Schädigung der Hirnsubstanz hindeuten (z.B. auf eine Hirnblutung), unabhängig davon treten sie in den meisten Fällen innerhalb von 24 bis längstens 48 Stunden nach der Beendigung einer längeren Alkoholisierungsphase auf. Naturgemäß ist der Betroffene bei einem plötzlichen Bewußtseinsverlust, zum Beispiel durch Stürze und Verletzungen, besonders gefährdet. Meist treten Krampfanfälle bei dauerhafter Alkoholabstinenz nicht mehr auf, bei fortgesetztem Alkoholkonsum rezidivieren sie aber häufig.

Welche anderen Alkoholpsychosen gibt es?

Wie oben angesprochen, kann Alkohol zu einer Vielzahl von psychischen Störungen führen. Wesentlich seltener als das Alkoholdelir ist die Alkoholhalluzinose, eine ebenfalls sich meist rasch entwickelnde Geisteskrankheit, für die – anders als beim Delir – nach ihrem Abklingen keine Amnesie besteht. Meist werden lebhafte beschimpfende und kommentierende Stimmen halluziniert (akustische Halluzinationen), die den Betroffenen sehr ängstigen können. Auch diese Erkrankung macht eine stationäre Behandlung notwendig. Nicht ganz so häufig, aber immerhin gelegentlich, kann es bei chronischem Alkoholmißbrauch auch zu mehr oder weniger chronischen Wahnbildungen kommen, bei Männern zum Beispiel zu dem gefürchteten Eifersuchtswahn, wobei die Ehefrau/Partnerin (ungerechtfertigterweise) beschuldigt wird, einen anderen Intimpartner zu haben.

29 Schädigt Alkohol das ungeborene Kind?

Wie viele andere Drogen, tritt auch der Alkohol bei der schwangeren Frau in den Organismus des Embryos über. Genau wie Alkohol in größerer Menge die Mutter schädigt, wird auch das Kind betroffen; die Gefahr für das Kind ist hier jedoch weitaus größer, weil sich das Gehirn und der gesamte Organismus des Kindes noch in der Entwicklung befinden, nicht ausgereift und damit auch anfälliger sind. Bei langjährigem, hohem Alkoholkonsum, der bis in die ersten Monate der Schwangerschaft hinein anhält, werden häufig schwere Schädigungen des Kindes beobachtet, zum Beispiel geringere Körper- oder Schädelgröße, Anomalien der Extremitäten, der inneren Organe und der Genitalien, Störungen der geistigen und motorischen Entwicklung (Alkoholembryopathie). Für den erfahrenen Arzt läßt sich die Diagnose einer Alkoholembryopathie häufig schon als Blickdiagnose stellen. Minderbegabungen sind die Regel. Schwangeren Frauen wird von Ärzten dringend geraten, während der Schwangerschaft keinen Alkohol zu trinken.

Info

Ist der Vater alkoholkrank, sind wahrscheinlich keine Mißbildungen zu erwarten, da die Samenzellen des Mannes vom Alkohol nicht so verändert werden, daß damit Schädigungen des Kindes verbunden sind. Auch im Alkoholrausch gezeugte Kinder (»Rauschkinder«) sind in körperlicher Hinsicht nicht stärker gefährdet als die Kinder, die nicht unter Alkoholeinfluß gezeugt wurden. Wenn sie jedoch in einer Familie mit einem Alkoholkranken aufwachsen, sind sie in jedem Falle in psychosozialer Hinsicht gefährdet (siehe Frage 52).

30 Was ist ein Alkoholrausch?

Wenn jemand innerhalb kurzer Zeit oder über einen längeren Zeitraum kontinuierlich größere Mengen Alkohol zu sich nimmt, kommt es zu einer akuten Vergiftung des Körpers, vor allem des Gehirns. Aber auch die Herz-Kreislauf-Funktionen und andere Organe können betroffen sein. Die Vergiftung äußert sich, wenn sie nicht zu stark ausgeprägt ist, in einem Zustand gehobener Stimmung, meist verbunden mit gesteigerter Erregbarkeit. Ausgeprägtere Vergiftungen (siehe unten) gehen aber mit zunehmender Apathie bis hin zu Bewußtlosigkeit und Koma einher. Der Alkoholrausch ist eine akute Alkoholvergiftung, von der aus fließende Übergänge zu schweren Vergiftungszuständen mit Bewußtlosigkeit und unbestimmtem tödlichen Ausgang bestehen (siehe Frage 31).

Was ist ein Alkoholrausch?

Ein Alkoholrausch ist also keineswegs gleichzusetzen mit Alkoholkrankheit (siehe Frage 7). Die Stärke des Rausches ist nicht nur von der Höhe der Blutalkoholkonzentration (BAK) abhängig, sondern auch von einer Vielzahl anderer Bedingungen. Dazu gehören die körperliche und seelische Verfassung (z. B. Übermüdung), die aktuelle Befindlichkeit sowie die situative Umgebung. Auch wenn dies zum Beispiel in der Rechtsprechung bei Alkoholfahrten häufig angenommen wird, kann man also nicht davon ausgehen, daß bei einer bestimmten Alkoholmenge auch zwangsläufig ein bestimmter Rauschzustand eintreten wird. Dennoch kann man nach bestimmten Gesichtspunkten drei Rauschstadien beschreiben.

Leichter Rausch
Herabsetzung der psychomotorischen Leistungsfähigkeit, allgemeine Enthemmung, vermehrter Rede- und Tätigkeitsdrang, Beeinträchtigung der Fähigkeit kritischer Selbstkontrolle, erhöhte Bereitschaft zum Kontakt mit anderen, subjektives Gefühl der erhöhten Leistungsfähigkeit. Die körperlichen Funktionen, wie zum Beispiel Herz-Kreislauf-Funktionen sind meist nur geringgradig beeinträchtigt. In der Regel tritt ein solcher Rausch bei einer Blutalkoholkonzentration bis etwa 1 oder 1,5 Promille auf.

Mittelgradiger Rausch
Dieser Zustand ist gekennzeichnet durch übersteigerte Glücksstimmung bzw. Euphorie oder auch aggressive Gereiztheit. Ganz allgemein ist das Gefühlsleben gestört, die Orientierung im Regelfall aber noch nicht. Umweltsituationen und ihre Bedeutung werden durchaus richtig erkannt, jedoch kommt es zu einer zum Teil erheblichen Einschränkung der Selbstkritik, insbesondere gegenüber der eigenen Rolle in der aktuellen Situation sowie der situativen Leistungsfähigkeit. Psychische Enthemmung, Benommenheit und psychomotorische Unsicherheit können hinzutreten. Anders als bei leichten Rauschzuständen, sind neurologische Auffälligkeiten (Gang- und Standunsicherheit) fast immer nachweisbar. Das Verhalten ist im besonderen abhängig von der jeweiligen äußeren Situation, was sich in Sprunghaftigkeit und in der Bereitschaft zu primitiven, vorwiegend aggressiven

Reaktionen äußert. In der Regel fällt man in einen mittelgradigen Rausch bei einer BAK von zwei bis etwa 2,5 Promille.

Schwerer Rausch
In diesem Zustand kommt es zu schweren Bewußtseinsstörungen und dem Unvermögen, die gegebene Situation wirklichkeitsnah einzustufen. Es treten Desorientiertheit und motivlose Angst- und Erregungszustände auf, vielfach auch schwere körperliche Ausfallserscheinungen, zum Beispiel Gleichgewichtsstörungen bis hin zur Unfähigkeit zu gehen. Schwere körperliche und neurologische Begleitsymptome sind die Regel. Als Extremform können schwere Rauschzustände zu völliger Bewußtlosigkeit und Koma führen. Meist findet man solche schweren Rauschzustände nur bei einer BAK von weit über zwei Promille, wenn nicht noch andere körperliche Erkrankungen hinzutreten.

Übermäßigem Alkoholkonsum und besonders dem Alkoholrausch folgt in der Regel eine Reihe körperlicher Störungen, die als »Kater« bezeichnet werden. Es bestehen fließende Übergänge zu den Alkoholentzugserscheinungen (siehe Frage 6).

31 Kann Alkohol tödlich wirken?

Allerdings. Werden größere Mengen Alkohol innerhalb relativ weniger Stunden getrunken, so treten schwere Vergiftungserscheinungen auf, die unter Umständen rasch zum Tode führen können. Der Körper ist bei sehr raschem Trinken nicht mehr in der Lage, den Alkohol zu verarbeiten, so daß die BAK sehr hoch ansteigt. Bei Erwachsenen tritt der Tod meist bei einer Blutalkoholkonzentration (BAK) über vier Promille ein, manchmal auch schon viel früher. Erfahrungsgemäß kann man davon ausgehen, daß eine BAK von über vier Promille bei etwa der Hälfte der Fälle zum Tode führt. Todesfälle wurden aber auch schon bei einer BAK ab 1,8 Promille beobachtet, denn die Alkoholverträglichkeit ist von Mensch zu Mensch verschieden. Personen mit schweren körperlichen Begleit- oder Grunderkrankungen, zu denen auch alkoholbedingte Folgestörungen zu rechnen sind (z. B. alkoholische Kardiomyopathie, Stoffwechselentgleisungen etc.) sind be-

■ **Welche sozialen Folgen können durch Alkoholmißbrauch entstehen?** ■

sonders gefährdet. Ab ca. fünf Promille sterben mehr als 90 Prozent der Betroffenen. Bei längerer Gewöhnung an Alkohol werden manchmal auch höhere Mengen überlebt (»Toleranzentwicklung«, siehe Frage 6).

32 Wer reagiert besonders empfindlich auf Alkohol?

Besonders empfindlich reagieren auf Alkohol Kinder, körperlich und psychisch kranke Personen im Laufe der Genesung (Rekonvaleszenten) nach Kopfverletzungen, Schädel-Hirn-Traumen, Gehirnhautentzündungen etc. (Meningitis und Enzephalitis), Menschen im starken Affekt (sehr aufgeregte, traurige oder gut gelaunte) und auch Personen, die gleichzeitig Medikamente einnehmen (siehe Fragen 38 bis 43). Dies gilt besonders für Menschen, die Psychopharmaka einnehmen müssen. Aber auch Menschen mit schweren Stoffwechselerkrankungen (Diabetes mellitus, sog. Zuckerkrankheit etc.) können stark nachhaltig auf Alkoholgenuß reagieren.

Die Reaktion auf Alkohol hängt weiterhin vom allgemeinen körperlichen Zustand (Mattigkeit, Erschöpfung, Schläfrigkeit) und vom bisherigen Grad der Gewöhnung an Alkohol ab. In all diesen Fällen sprechen wir von gesenkter oder verminderter Toleranz (»gesenkte Verträglichkeit«) gegen Alkohol.

33 Welche sozialen Folgen können durch Alkoholmißbrauch entstehen?

Die sozialen Folgen des übermäßigen Alkoholkonsums betreffen vornehmlich:

- Familie, Partner und Kinder
- Beruf und finanzielle Situation
- Verkehrstüchtigkeit
- soziale Kontakte (Isolierung)
- Kriminalität

Alle diese Folgeerscheinungen führen dazu, daß der Betroffene in der Regel Schritt für Schritt einem deutlichen sozialen Abstieg entgegengeht.

Familie

Partner und Kinder, also die engsten Angehörigen, werden meist als erste von den Folgen des übermäßigen Alkoholkonsums betroffen. Einerseits leiden die Angehörigen häufig durch eine gewisse Vernachlässigung unter einem Rückzug des Alkoholkranken, andererseits werden gerade im Alkoholrausch viele unangenehme Persönlichkeitszüge und Verhaltensweisen deutlich. So kann es in der Phase des übermäßigen Trinkens gegenüber dem Partner zu Grobheiten kommen, aber auch zu Prügeleien, Taktlosigkeiten und Geringschätzungen, Beleidigungen und Kränkungen. Der Partner nimmt den Alkoholkranken dennoch häufig Verwandten, Freunden und Bekannten gegenüber in Schutz und versucht dadurch, den Schein einer »heilen Familie« zu wahren. Aus Zuneigung und Liebe, aber auch aus Sorge wird versucht, den Alkoholkranken vor den Folgen seines Alkoholismus zu schützen, etwa dadurch, daß z. B. dem Arbeitgeber gegenüber die Alkoholkrankheit bagatellisiert wird. Mit dem Fortschreiten der Krankheit läßt sich jedoch ein weiteres Abgleiten des Betroffenen bis hin zu einem Zerfall der Partnerschaft nicht aufhalten. Allmählich verliert der Kranke jegliche Autorität und ist nicht mehr in der Lage, Aufgaben und Verpflichtungen, wie vor Beginn seiner Krankheit, nachzukommen. Ein Teil dieser Aufgaben geht also jetzt an die anderen Familienmitglieder über, die sich nun auch gefühlsmäßig von ihm abwenden. Es ist deshalb nicht verwunderlich, daß die Scheidungsrate bei Ehen mit Alkoholkranken wesentlich höher liegt als in der übrigen Bevölkerung (siehe Frage 34). In vielen Fällen ist dann die Ehescheidung nicht nur die Folge, sondern auch die Ursache für ein Fortschreiten des Alkoholismus. So entsteht ein Teufelskreis, der schließlich zu einer völligen Vereinsamung, eventuell sogar zum endgültigen Verfall an die Krankheit und letztlich auch zu der hohen Selbstmordgefährdung von Alkoholkranken führt.

■ Welche sozialen Folgen können durch Alkoholmißbrauch entstehen? ■

Wie der Partner, leiden auch die Kinder, und zwar in besonderem Maße:

Der Kranke ist oft autoritär, ungerecht und unberechenbar. Wie andere Angehörige, werden auch Kinder vor allem durch einen häufigen Wechsel der Gefühle und der Stimmungen des Kranken überfordert. An manchen Tagen kann er, auch abhängig vom Alkoholkonsum, freundlich und zugewandt sein, eventuell auch um Entschuldigung bitten, an anderen Tagen ist er wieder grob und unberechenbar. Wegen Nichtigkeiten werden die Kinder schwer bestraft; sie entwickeln schließlich Angst und versuchen, dem Kranken aus dem Wege zu gehen. Dann wieder ist er/sie nicht alkoholisiert und kann der beste Vater/die beste Mutter sein, zugänglich, nett und zärtlich. Somit schwanken die Kinder oft zwischen Ablehnung und Zuneigung und sind ratlos, wie sie sich letztlich verhalten sollen. Unter diesen Umständen ist es nicht überraschend, daß sich unter Kindern Alkoholkranker besonders häufig Sonderschüler und Schüler finden, die meist eine Schulklasse wiederholen mußten. Kinder von Alkoholkranken besuchen auch seltener eine weiterführende Schule. Ferner häufen sich bei ihnen Krankheiten, die auf Verwahrlosung zurückzuführen sind, ebenso wie kriminelle Handlungen.

Info

Sicher ist, daß Kinder aus Familien Alkoholkranker in weitaus höherem Maße auch alkoholabhängig werden (siehe Fragen 53 und 54). Hierbei spielen biologische und genetische Faktoren eine Rolle, aber auch das sogenannte Familienbild, in dem die Kinder aufwachsen.

Beruf und finanzielle Situation

Die berufliche Leistung wird durch den Alkoholkonsum in vielfältiger Weise negativ beeinflußt. Es kommt zu einem Leistungsabfall, besonders bei Berufen, die ein hohes Konzentrationsvermögen, genaue Sehleistungen, Geschicklichkeit, große Sorgfalt

Alkoholismus – seine Folgen

und Gewissenhaftigkeit verlangen. Andererseits gibt es relativ typische »Alkoholberufe«, wie zum Beispiel Gastwirt oder Barmixer, bedingt durch ihren »alkoholnahen« Beruf trinken manche von ihnen mehr und häufiger, sodaß sich unter ihnen nicht selten alkoholkranke Personen finden.

Störungen in den genannten Leistungsbereichen werden durch die verschiedenen körperlichen und psychischen Folgeerscheinungen erhöhten Alkoholkonsums hervorgerufen. Alkoholismus führt auch – wie genaue Untersuchungen in verschiedenen Ländern zeigen – zu einer vermehrten Unfallhäufigkeit am Arbeitsplatz.

Weiterhin bewirkt Alkoholismus eine Häufung entschuldigten und unentschuldigten Fernbleibens von der Arbeit. So konnte man z. B. feststellen, daß Alkoholkranke wesentlich häufiger als Personen mit üblichem Alkoholkonsum arbeitsunfähig sind, und zwar meist wegen ihrer Rauschzustände oder körperlichen Alkoholfolgekrankheiten (siehe Frage 21). Es ist bekannt, daß Alkoholabhängige etwa zweieinhalbmal häufiger krank sind als andere Mitarbeiter.

Durch die vielen Krankmeldungen und/oder wegen seines Alkoholtrinkens am Arbeitsplatz fällt der Kranke allmählich auch den Vorgesetzten auf, die ihn anfangs vielleicht ermahnen, ihn aber im Wiederholungsfalle entlassen (siehe Frage 37). Er wechselt häufig seinen Arbeitsplatz, hat deswegen auch keinen richtigen Kontakt zu seinen Arbeitskollegen, aber keine richtige Beziehung zur Arbeit selbst. Er muß sich mit Arbeiten beschäftigen, die nicht seiner Ausbildung entsprechen, er verdient weniger und verliert deshalb auch die »Lust« an der Arbeit und damit seinen festen Halt. Das Selbstwertgefühl sinkt unaufhörlich. Der weitere berufliche und finanzielle Abstieg ist nicht mehr aufzuhalten.

Anders als noch vor wenigen Jahren, wird in vielen Firmen, vor allem in Großbetrieben, das Problem »Alkoholismus« heute sehr ernst genommen. Größere Firmen beschäftigen häufig eigene Suchtberater oder führen Fortbildungsveranstaltungen zum Thema »Alkoholismus« durch. Dennoch muß ein Alkoholkran-

■ **Welche sozialen Folgen können durch Alkoholmißbrauch entstehen?** ■

ker bei fortgesetztem Alkoholkonsum mit dem Verlust des Arbeitsplatzes rechnen.

Volkswirtschaftliche Kosten des Alkoholismus

Hier sind nur ganz ungefähre Schätzungen möglich. In der Schweiz wurden schon 1972 die gesamtwirtschaftlichen Kosten des Alkohols mit 1,346 Milliarden Schweizer Franken berechnet. Für Deutschland wurden mit einer Datenbasis von 1990 durch eine Arbeitsgruppe die direkten und indirekten Folgen des Alkoholismus auf 5,975 Milliarden DM geschätzt. Dabei waren aber wichtige Faktoren, wie zum Beispiel Kosten durch alkoholbedingte Gewalttaten/Unfälle, nicht berücksichtigt worden. Die Kosten für eine stationäre (sechsmonatige) Entwöhnungsbehandlung für Alkoholabhängige betragen etwa 22 500 DM, für eine ambulante Behandlung in einer Beratungsstelle zwischen 1 500 und 7 500 DM. Bei der Entgiftung muß mit einem Tagessatz von 300 bis 400 DM je nach Klinik gerechnet werden. Zwölf Prozent der Haushaltsmittel der Rentenversicherungsträger für Rehabilitationsleistungen werden für Suchtkranke aufgewandt. Die Zahl der Arbeitsunfähigkeitstage und -ausfälle der AOK-Pflichtmitglieder wurde für Gesamtdeutschland auf rund 3,5 Millionen pro Jahr geschätzt.

Verkehrstüchtigkeit

Der Alkoholeinfluß spielt als Unfallursache bei Kraftfahrern, Radfahrern und Fußgängern eine überaus große Rolle (siehe Frage 35). Durch die Wirkung des Alkohols kommt es zu einer Beeinträchtigung der gesamten Persönlichkeit und der verschiedenen Leistungsfunktionen, die beim Verkehrsteilnehmer vorausgesetzt werden müssen. Dazu gehören Gleichgewicht, Seh- und Reaktionsvermögen, Konzentration etc. Alkohol führt hier zu einer Überschätzung der eigenen Leistungsfähigkeit, zu einer Steigerung des Leichtsinns, zu mangelnder Sorgfalt und zu einer Verringerung des Verantwortungsgefühls. Alkoholkranke haben mindestens dreimal so viele Verkehrsunfälle wie Nichtalkoholkranke. Gerade bei schweren Verkehrsunfällen spielt Alkohol eine große Rolle.

Soziale Kontakte (Isolierung)

Dies ist für den Alkoholkranken häufig bitter. Verwandte, Freunde und Bekannte ziehen sich allmählich vom Alkoholkranken zurück. Er gilt als unzuverlässig und unberechenbar. Die Freunde sind peinlich berührt, wenn er in alkoholisiertem Zustand sich selbst oder auch seinen Partner bloßstellt, wollen mit ihm nicht auf eine Stufe gestellt werden. Sie sagen sich von ihm los und lassen ihn mit seiner ganzen Problematik allein. Langsam wandelt sich der Freundeskreis, er setzt sich zunehmend aus anderen Personen zusammen, die auch häufig und zuviel Alkohol konsumieren. Beim Abgleiten eines Alkoholkranken in ein Milieu, in dem sehr viel Alkohol getrunken wird, sind die Therapiechancen besonders ungünstig.

Kriminalität

Durchschnittlich etwa 20 Prozent der strafbaren Handlungen werden unter intensivem Alkoholeinfluß begangen. Alkohol kann unmittelbar zu Erregungs- und Enthemmungszuständen führen, die unter Umständen in Delikte wie Körperverletzung, Widerstand gegen die Staatsgewalt, Beleidigung, Sachbeschädigung und Sittlichkeitsverbrechen münden. Auch Ladendiebstähle und andere Eigentumsdelikte sind häufig. Gerade bei schweren Gewaltverbrechen bis hin zu Mord und Totschlag spielt Alkoholisierung oft eine große Rolle. Durch einen langzeitigen Alkoholkonsum kann auch die Persönlichkeit des Kranken verändert werden (siehe Frage 22). Typische Folgen sind Unterschlagungen, Diebstähle, Zechprellereien, Sexualdelikte und ähnliches. Eine schwere Alkoholisierung zum Tatzeitpunkt kann, muß aber nicht in jedem Fall schuldmindernd wirken. Relativ selten kommt es im Rahmen von sogenannten Alkoholpsychosen zu Gewalttaten. Besonders gefürchtet ist diesbezüglich der sogenannte alkoholische Eifersuchtswahn, bei dem typischerweise der (fast immer männliche) Täter seine Partnerin wegen deren vermeintlicher Untreue attackiert (siehe Frage 22).

34 Kann Alkoholismus ein Scheidungsgrund sein?

Grundsätzlich ja. In der Bundesrepublik kann Alkoholismus sogar dann ein Scheidungsgrund sein, wenn die Krankheit noch nicht sehr weit fortgeschritten ist. Bei Ehescheidungen spielt heute nicht mehr wie früher die Schuldfrage eine Rolle, vielmehr das sogenannte Zerrüttungsprinzip.

Alkoholismus (Trunksucht) mit all seinen Erscheinungsformen gilt als Zerrüttungsursache bei der Ehescheidung im Sinne des § 1565, Abs. 1 BGB. Neben Mißhandlungen des Ehegatten oder anderer Familienangehöriger können auch fehlende Unterhaltsleistungen oder psychische oder geistige Störungen als Folge des Alkoholismus zur Zerrüttung beitragen.

Selbst Beschimpfungen, in betrunkenem Zustand ausgesprochen, können zur Grundlage einer Scheidung werden. Alkoholmißbrauch mit nachfolgender Gewalttätigkeit kann als unzumutbare Härte vorzeitige Ehescheidung begründen.

Auch in *Österreich* stellen die oben genannten Fälle, sofern sie eine Ehezerrüttung herbeigeführt haben, einen Scheidungsgrund dar, sie gelten als schwere Eheverfehlungen (§ 49 Ehegesetz). Eine schwere Eheverfehlung liegt nur dann vor, wenn das Gesamtverhalten eines Ehegatten vom Alkohol schwerwiegend geprägt ist.

Die Sucht eines Ehepartners stellt unter Umständen auch einen Eheaufhebungsgrund dar.

In der *Schweiz* sind unter anderem Mißhandlungen, unehrenhafter Lebenswandel und Zerrüttung Gründe für eine Ehescheidung. Nach Artikel 138 ZGB kann auf Scheidung geklagt werden, wenn ein Ehegatte den anderen schwer mißhandelt oder ihm eine schwere Ehrenkränkung zugefügt hat. Beides ist häufig in Zusammenhang mit Alkoholismus relevant. Außerdem kann dieser auch zu einer tiefen Zerrüttung des ehelichen Verhältnisses gemäß § Artikel 142 ZGB führen.

■ Alkoholismus – seine Folgen ■

35) Warum ist der Konsum alkoholischer Getränke für den Verkehrsteilnehmer gefährlich?

Der Alkohol ruft typischerweise bei allen Konsumenten (auch bei Nichtalkoholkranken) ein falsches Sicherheitsgefühl und verminderte Kritikfähigkeit bis hin zur Kritiklosigkeit hervor, verzögert gleichzeitig – und das schon in geringen Konzentrationen – das Reaktionsvermögen und verschlechtert die Wahrnehmung (siehe Frage 46).

Nach einer Statistik von 1993 sind von 385 000 Verkehrsunfällen mit Personenschäden in Deutschland 10,6 Prozent unter Alkoholeinfluß geschehen. Die Zahl der Verkehrsunfälle mit alkoholisierten Fahrern sank von 1996 auf 1997 um 6,6 Prozent auf 81 891. Dabei ist allerdings eine hohe Dunkelziffer anzunehmen, also auch ein deutlich höherer Anteil alkoholbedingter Verkehrsunfälle. Mit zunehmender Schwere der Unfälle steigt auch der Anteil der Alkoholbeeinflussung. Bei tödlichen Verkehrsunfällen betrug der Anteil 19 Prozent, bei Unfällen mit Schwerverletzten 15 Prozent, bei Unfällen mit Leichtverletzten neun Prozent. Aus anderen Statistiken ergibt sich weiter, daß die Gefährlichkeit eines Kraftfahrers in bezug auf Unfälle mit Toten und Verletzten bei einer Blutalkoholkonzentration (BAK) von 0,5 Promille doppelt so hoch ist wie die Gefährlichkeit eines nüchternen Fahrers. Bei einer BAK von 0,8 Promille liegt sie um ein vierfaches, bei 1,5 Promille um ein 16faches höher als bei Nüchternen. Auch hier ist noch mit einer erheblichen Dunkelziffer zu rechnen.

Wichtig ist auch die Wiederholungsgefahr bei Alkoholtätern. Nach einer Studie waren 34,5 Prozent der alkoholauffälligen Verkehrsteilnehmer in einem Zeitraum von fünf Jahren wieder rückfällig. Die Belastung mit alkoholbedingten Vorstrafen ist beim alkoholauffälligen Kraftfahrer erheblich größer als bei alkoholneutralen.

36) Welche Strafen drohen bei Verkehrsgefährdung infolge von Alkoholeinfluß?

Bundesrepublik Deutschland

Seit 1. Mai 1998 gilt nicht mehr die früher übliche 0,8-Promillegrenze (§ 24 AStVO). Vielmehr wurde sie auf 0,5 Promille gesenkt. Wer mit mehr als 0,5 Promille Alkohol im Blut am Steuer erwischt wird, muß mit einer Geldbuße von 200 DM und zwei Punkten im Flensburger Verkehrszentralregister rechnen. Ein Fahrverbot wird wie bisher erst ab 0,8 Promille ausgesprochen. In der Regel hat dies einen Monat Fahrverbot sowie vier Punkte in der Flensburger Kartei und 500 DM Geldstrafe zur Folge. Höhere Strafen drohen Wiederholungstätern. Ab 1,1 Promille wird die Fahrerlaubnis für länger als drei Monate entzogen, nach Unfällen für zwölf Monate. In der Flensburger Kartei werden sieben Punkte angerechnet. Es folgt eine Geldstrafe in Höhe von 30 bis 60 Tagessätzen oder Gefängnis nach Unfällen. Bei Trunkenheitsfahrten mit 1,6 Promille, für die in der Regel dieselben Strafen wie bei 1,1 Promille verhängt werden, ist meist eine medizinisch-psychologische Untersuchung notwendig, um die Fahrerlaubnis wiederzubekommen. Bei Trunkenheitsfahrten mit Personenschäden werden meist höhere Strafen verhängt. Die Rechtsgrundlagen selber sind im § 316 StGB geregelt.

Österreich

§ 5 der Straßenverkehrsordnung (StVO) regelt die besonderen Sicherungsmaßnahmen gegen Beeinträchtigungen durch Alkohol. Die allgemeinen Bestimmungen über die geistige und körperliche Eignung zum Lenken von Kraftfahrzeugen ergeben sich aus dem Kraftfahrgesetz (KFG), der Kraftfahrgesetz-Durchführungsverordnung (KDV) und dem Führerscheingesetz (FSG) vom 1. November 1997.

Alkoholismus – seine Folgen

Wer sich in einem durch Alkohol beeinträchtigten Zustand befindet, darf ein Fahrzeug weder lenken noch in Betrieb nehmen. Bei einer BAK von 0,5 Promille oder bei einem Alkoholgehalt der Atemluft von 0,25 Milligramm pro Liter oder darüber gilt der Zustand des Fahrers jedenfalls als von Alkohol beeinträchtigt. Bei einer BAK unter 0,5 Promille kann die Lenkung oder Inbetriebnahme eines Fahrzeugs als Verstoß gegen § 5, Abs. 1 gewertet werden. Ein Führerscheinentzug erfolgt nach § 76 KFG, wenn aus dem Verhalten eines Kraftfahrzeuglenkers deutlich zu ersehen ist, daß er insbesondere in Folge eines übermäßigen Alkoholgenusses nicht mehr die volle Herrschaft über seinen Geist oder seinen Körper besitzt. Der vorläufig abgenommene Führerschein wird der Behörde vorgelegt, welche ihn, sofern nicht ein Ermittlungsverfahren zum Entzug der Fahrerlaubnis eingeleitet wird, innerhalb von drei Tagen wieder an den Besitzer zurückzugeben hat. Die Eignungsvoraussetzungen zum Lenken eines Kfz im öffentlichen Verkehr sind durch ein allgemeinärztliches Gutachten zu prüfen, in welchem festzustellen ist, ob der Führerscheinkandidat geeignet, bedingt geeignet, beschränkt geeignet oder nicht geeignet ist. Als hinreichend gesund gilt unter anderem eine Person, bei der »Alkoholabhängigkeit oder chronischer Alkoholismus sowie andere Süchtigkeiten, die das sichere Beherrschen des Kraftfahrzeuges und das Einhalten der für das Lenken des Kraftfahrzeuges geltenden Vorschriften beeinträchtigen könnten, nicht festgestellt werden«. Nicht als verkehrszuverlässig gelten auch Personen, die »häufig in einem die Zurechnungsfähigkeit ausschließenden Rauschzustand eine strafbare Handlung begangen haben«.

Beim Führerscheinentzug gelten folgende Grundsätze: Bei einem Ersttäter (Fahren in leicht alkoholisiertem Zustand) wird der Führerschein für vier Wochen entzogen, bei fehlender Verkehrszuverlässigkeit für nicht weniger als drei Monate. Die Behörde kann begleitende Maßnahmen (z. B. Absolvierung einer Entwöhnungsbehandlung) anordnen. Wird eine solche nicht befolgt, so ist die Entziehungszeit um drei Monate zu verlängern. Vor Wiedererteilung des Führerscheins wird in der Regel ein nervenärztliches und/oder verkehrspsychologisches Gutachten über die Eignungsvoraussetzungen eingeholt.

Welche Strafen drohen bei Verkehrsgefährdung?

Das Lenken oder Inbetriebnehmen eines Fahrzeugs in einem durch Alkohol beeinträchtigten Zustand wird mit einer Geldstrafe von 8000 bis 50000 öS bestraft. Wurde durch einen alkoholisierten Lenker eine konkrete Gefährdung für Leib und Leben anderer verursacht (ohne daß dabei eine Person verletzt wurde), kann neben der genannten Geldstrafe, die von der Verwaltungsbehörde verhängt wird, eine gerichtliche Strafe ausgesprochen werden. Der Strafrahmen für die Gefährdung der körperlichen Sicherheit ist Freiheitsstrafe bis zu drei Monaten oder Geldstrafe bis zu 18 Tagessätzen. Wird im Rauschzustand jemand verletzt oder getötet, hat er, je nach Schwere des Delikts, mit einer zwei- bis viermal so hohen Strafe zu rechnen. Auf fahrlässige Körperverletzung im Rauschzustand steht Freiheitsstrafe bis zu sechs Monaten oder Geldstrafe bis zu 360 Tagessätzen, ist die Verletzung schwer, Freiheitsstrafe bis zu zwei Jahren. Bei Todesfällen kann den alkoholisierten Verkehrstäter eine Freiheitsstrafe bis zu drei Jahren erwarten.

Schweiz

Das Schweizer Bundesgesetz über den Straßenverkehr verlangt in Artikel 31, daß der Führer sein Fahrzeug so beherrschen muß, daß er seinen Vorsichtspflichten nachkommen kann. Diese verletzt zum Beispiel, wer angetrunken sein Fahrzeug führt. Artikel 91 des gleichen Gesetzes bestimmt: Wer in angetrunkenem Zustand ein Motorfahrzeug führt, wird mit Gefängnis oder Geldbuße bestraft. Wer in angetrunkenem Zustand ein nicht motorisiertes Fahrzeug führt, wird mit Haft oder mit Geldbuße bestraft. Als sogenannter Beweisgrenzwert gilt in der Schweiz eine BAK von 0,8 Promille, aber auch bei niedrigerer BAK wird der Fahrzeugführer in aller Regel zur Rechenschaft gezogen, wenn ihm ein alkoholtypischer Fahrfehler nachgewiesen werden kann. Bei der Strafzumessung ist gemäß Artikel 63 StGB das individuelle Verschulden des Täters zu berücksichtigen, d. h. eine schematische Beziehung zwischen Strafmaß und BAK wie in der Bundesrepublik Deutschland besteht nicht. In bezug auf die Strafhöhe gibt es dabei erhebliche kantonale Unterschiede, da dem Richter ein breiter Ermessensspielraum zur Verfügung steht. Auf jeden

Fall muß bei einer Trunkenheitsfahrt der Täter mit dem Entzug des Führerscheins rechnen. Die Dauer des Entzugs ist je nach den Umständen individuell festzusetzen, beträgt aber in der Regel mindestens zwei Monate. Bei Wiederholungstätern, die innerhalb von fünf Jahren seit Ablauf des letzten Entzugs erneut alkoholisiert Auto fahren, wird die Fahrerlaubnis für mindestens ein Jahr entzogen.

37 Darf einem Arbeitnehmer wegen Alkoholproblemen gekündigt werden?

Bundesrepublik Deutschland

Bei etwa 15 Prozent der Kündigungen spielt Alkohol eine Rolle.

Der Arbeitgeber kann Alkoholkonsum, Alkoholmißbrauch, Alkoholismus zum Anlaß für eine *ordentliche* (fristgerechte) oder *außerordentliche* (fristlose) Kündigung nehmen. Der allgemeine rechtliche Kündigungsschutz gibt dem Arbeitnehmer jedoch das Recht, durch das Arbeitsgericht prüfen zu lassen, ob ausreichend Kündigungsgründe gegeben waren. Das Arbeitsgericht muß hierbei unter Berücksichtigung der Besonderheiten des Einzelfalls die Interessen beider Seiten gegeneinander abwägen (bei einem nicht unerheblichen Beurteilungsspielraum!). Dieser Kündigungsschutz wird nur gewährt, wenn die Klage innerhalb von drei Wochen nach Zustellung der Kündigung bei Gericht eingereicht wird. Bei den Arbeitsgerichten bestehen sogenannte Rechtsantragsstellen, in denen die Klage zu Protokoll genommen werden kann.

Außerordentliche Kündigung (fristlose Kündigung)

Eine fristlose Kündigung wird nur in Ausnahmefällen gerechtfertigt sein. Das Gesetz kennt keine absoluten Kündigungsgründe; es läßt die fristlose Entlassung nur zu, wenn dem Arbeitgeber die Fortsetzung des Arbeitsverhältnisses bis zum Ablauf der Kündigungsfrist nicht mehr zugemutet werden kann (§ 626 BGB).

Darf einem Arbeitnehmer gekündigt werden?

> **Fallbeispiel**
>
> Berufskraftfahrer: alkoholbedingte Verkehrsgefährdung, Führerscheinentzug, Kündigungsfrist von zwei Monaten (längere Betriebszugehörigkeit), keine Beschäftigungsmöglichkeit im Betrieb

Ordentliche Kündigung

Hier kann die gerichtliche Überprüfung der Kündigungsgründe nur dann verlangt werden, wenn das Arbeitsverhältnis zum Zeitpunkt der Kündigung länger als sechs Monate bestanden hat und wenn in dem Betrieb mindestens sechs Arbeitnehmer (ohne die Auszubildenden) beschäftigt werden (§§ 1, 23 KSchG). Im Unterschied zur außerordentlichen Kündigung braucht hier die Fortsetzung des Arbeitsverhältnisses nicht unzumutbar zu sein. Die Rechtsprechung stellt darauf ab, ob die Kündigung einem objektiven, verständigen Arbeitgeber angemessen erscheint.

Das Kündigungsschutzgesetz unterscheidet zwischen sogenannten *personenbedingten* und *verhaltensbedingten* Gründen. Unter »personenbedingt« werden Kündigungsgründe verstanden, die in der Person des Arbeitnehmers liegen (z.B. langanhaltende Krankheit), unter »verhaltensbedingt« Kündigungsgründe, die aus dessen Verhalten resultieren (z.B. ein Verstoß gegen die Betriebsordnung). Personen- und verhaltensbedingte Kündigung unterscheiden sich hinsichtlich der Interessenabwägung. Im Falle einer verhaltensbedingten Kündigung muß auch eine Abmahnung vorangegangen sein.

Eine Abmahnung wäre hier allerdings ein untaugliches Mittel, da dem Alkoholabhängigen nicht aufgegeben werden kann, sofort wieder gesund zu werden. Unter der Voraussetzung, daß sich der gekündigte Arbeitnehmer im Kündigungsprozeß alsbald darauf beruft, alkoholabhängig (siehe Fragen 6 und 7) zu sein, wird gerade in diesen Fällen das Gericht eine besonders sorgfältige Interessenabwägung vornehmen. Der Arbeitgeber wird dann in aller Regel auch verpflichtet, dem Arbeitnehmer eine Entwöhnungsbehandlung zu ermöglichen.

> **Bedeutung dieser gesetzlichen Festlegungen, übertragen auf Alkoholprobleme**
>
> *Verhaltensbedingt* ist eine Kündigung, wenn
> - trotz Verbots im Arbeitsvertrag oder in der Betriebsordnung während der Arbeit Alkohol konsumiert wurde;
> - ohne Verbot Alkohol konsumiert wurde, aber dadurch das Unfallrisiko erhöht oder eine fehlerhafte Arbeitsleistung erbracht wurde.
>
> Der Kündigung muß in diesen Fällen eine Abmahnung vorausgegangen sein.
>
> *Personenbedingt* ist eine Kündigung, wenn
> - Alkoholabhängigkeit vorliegt.

Verweigert der Arbeitnehmer allerdings die Entwöhnungsbehandlung oder ist die Prognose hinsichtlich der Alkoholabstinenz (siehe Frage 70) recht ungünstig, wird das Gericht den betrieblichen Interessen größeres Gewicht beimessen und die ordentliche Kündigung bestätigen.

Medikamentenmißbrauch

 **Welche Medikamente werden besonders häufig mißbräuchlich verwendet?**

Viele Alkoholkranke benutzen statt Alkohol bestimmte Medikamente, die ähnlich wie Alkohol zu schweren körperlichen Schäden und zu Abhängigkeit führen können. Dazu gehören

- manche Schmerzmittel (siehe Frage 42),
- Beruhigungs- und Hustenmittel (siehe Fragen 39 und 40),
- Schlafmittel (siehe Frage 41),
- Aufputschmittel (siehe Frage 43),
- manche Appetitzügler und Abführmittel (siehe Frage 43).

Besonders gefährlich ist es, wenn diese Medikamente *gleichzeitig* mit Alkohol eingenommen werden. Allerdings werden diese Medikamente auch von vielen Menschen, die keine Alkoholprobleme haben, mißbräuchlich verwendet, d. h. ohne ärztliche Anweisung bzw. in einer Dosierung eingenommen, die über die ärztliche Verordnung hinausgeht.

Viele Medikamente sind sogenannte Kombinationspräparate. Dies bedeutet, daß sie jeweils verschiedene Wirkstoffe enthalten, z. B. enthalten Grippemittel im allgemeinen Wirkstoffe gegen Schmerzen, Fieber, Husten und Schleimhautanschwellung. Jeder Wirkstoff greift sozusagen an einem anderen Punkt im Körper an. Bei lang andauernder Einnahme und hoher Dosierung können deshalb durch die Medikamente auch ganz spezifische Schäden im Organsystem hervorgerufen werden.

Wirken Beruhigungsmittel (»Tranquilizer«) tatsächlich nur beruhigend?

Unter dem Begriff »Tranquilizer« werden verschiedenartige Medikamente zusammengefaßt. Sie haben alle eine beruhigende und angstlösende, oft auch eine schlaffördernde Wirkung und können in akuten Belastungssituationen durchaus hilfreich sein. Einige von ihnen haben aber auch die Eigenschaft, Abhängigkeit zu fördern. Darunter sind solche, die am häufigsten benutzt werden (Benzodiazepine wie *Lexotanil* oder *Valium*), aber auch *Distraneurin* und die älteren Schlafmittel (vor allem sog. Barbiturate), die in niedriger Dosierung als Beruhigungsmittel verordnet werden. Alle diese Mittel verlieren bei längerem Gebrauch mehr oder minder schnell ihre beruhigende Wirkung, so daß die Dosis gesteigert werden muß, um den gewünschten Effekt zu erzielen *(Dosissteigerung)*. Werden sie dann rasch abgesetzt, kann es zu lang andauernden Entzugserscheinungen mit Krampfanfällen und Erregungszuständen kommen, in schweren Fällen verbunden mit Angst und Sinnestäuschungen (vgl. Frage 6). Bei Benzodiazepinen ist auch eine niedrig dosierte, bestimmungsgemäße Anwendung problematisch, wenn sie über einige Wochen fortgesetzt wird. Beim Absetzen können nämlich ähnliche Entzugserscheinungen auftreten wie nach überhöhter Dosierung.

 Können Hustenmittel zu Abhängigkeit führen?

Ja, wenn sie Stoffe enthalten, die auf das Gehirn einwirken, vor allem das vom Schlafmohn abgeleitete Codein, das zu den Opiaten (siehe Frage 42) gerechnet werden muß. Es hat nicht nur hustenreiz- und schmerzlindernde Eigenschaften, sondern kann wie andere Opiate und Alkohol zur Abhängigkeit führen.

41 Helfen Schlafmittel schlafen?

Schlafmittel sind keine Heilmittel. Schlafmittel werden zwar gegen Schlafstörungen eingenommen, aber sie beseitigen nicht deren Ursache. Häufig liegen die Gründe in erhöhten Belastungen im Beruf, Sorgen und Ärger im Privatleben oder auch einfach im Lärm, der ins Schlafzimmer dringt, u. a. Schnarchen des Partners. Es gilt deshalb jeweils, die Ursachen der Schlafstörungen zu beseitigen und nicht, mit Medikamenten den Schlaf zu regulieren. Der steigende Umsatz von Schlafmitteln ist nicht darauf zurückzuführen, daß immer mehr Leute an Schlafstörungen leiden, sondern vornehmlich darauf, daß diese Medikamente häufig über Wochen und Monate hinweg eingenommen werden.

Den Schlaf, den man über Medikamente erzielt, kann man als »geborgten« Schlaf bezeichnen. Nach der Einnahme eines Schlafmittels nimmt anfangs die Gesamtschlafdauer für einige Zeit zu. Alle Schlafmittel verlieren nach längerem Gebrauch an Wirksamkeit (Toleranzentwicklung). Somit verbleiben eigentlich nur noch zwei Möglichkeiten: entweder die Dosis zu steigern (*Dosissteigerung*, vgl. Frage 6) oder aber mit dem Medikament völlig aufzuhören. Setzt man das Präparat tatsächlich ab, schläft man in der Folge sehr schlecht oder gar nicht, weil der Körper es »verlernt« hat, ohne Medikamente zu schlafen. Oft entwickelt sich Angst davor, nicht ein- oder durchschlafen zu können. Aus dieser Angst heraus, die selbst wieder einen gesunden, nicht »geborgten« Schlaf verhindert, wird schließlich in vielen Fällen wiederum zum Schlafmittel gegriffen. Dies bedeutet: Je länger jemand Schlafmittel einnimmt, desto zwangsläufiger entwickelt sich – ähnlich wie beim Alkohol – eine körperliche und psychische Abhängigkeit (siehe Fragen 6 und 7) von diesem Mittel.

42 Sind Schmerzmittel ungefährlich?

Schmerzen sind nicht immer ein Symptom für eine organische Krankheit, sondern können auch dringende Alarmzeichen für seelische Probleme, wie z. B. Partnerkonflikte, Überforderungen im Beruf usw. sein. Es ist deshalb in jedem Falle erforderlich, ärztlichen Rat einzuholen. Geradezu unverantwortlich ist es, Schmerzen in Eigenbehandlung bekämpfen zu wollen. Viele Schmerzmittel haben gefährliche Nebenwirkungen, die je nach Zusammensetzung des jeweiligen Medikamentes unterschiedlich sind. So können z. B. bei lang andauerndem Gebrauch bestimmter Mittel Blutschäden und Nierenschädigungen auftreten. Hinzu kommt, daß diese Medikamente häufig kombiniert sind mit Wirkstoffen, welche die Stimmung verbessern. Gerade dieser angenehmen Wirkung wegen werden Schmerzmittel häufig über längere Zeit eingenommen. Es kommt auch hier zur Abhängigkeit.

Oftmals ist zu beobachten, daß die Kopfschmerzen, also der ursprüngliche Anlaß für die Einnahme der Mittel, durch den längeren Schmerzmittelgebrauch noch zusätzlich verstärkt werden, was schließlich wiederum zu einer Dosissteigerung (siehe Frage 6) führt. Es kommt damit zur paradoxen Erscheinung, daß durch das Kopfschmerzmittel Kopfschmerzen erzeugt werden. Beim Absetzen des Medikamentes können dann ebenso wie bei Alkohol körperliche Entzugssymptome auftreten.

Bei schweren Schmerzen müssen oft starke Mittel eingesetzt werden, die vor allem auf das Gehirn wirken. Sie gehören meist zur Stoffgruppe der Opiate (Seite 66) bzw. ihrer Abkömmlinge. Alle diese Mittel können zu Abhängigkeit (siehe Fragen 6 und 7) führen, die noch ausgeprägter sein kann als die von Alkohol. Deswegen unterliegen auch diese Stoffe einer besonders strengen Verschreibungsordnung (gemäß *Betäubungsmittelgesetz*).

 Lassen sich Schlaf und Hunger »ungestraft« unterdrücken?

Aufputschmittel sollen wachhalten, das natürliche Bedürfnis nach Entspannung und Schlaf unterdrücken. Sie können das (bis zu einem gewissen Grad), aber sie tun gleichzeitig noch mehr: sie unterdrücken das Hungergefühl und steigern den Blutdruck.

Lassen sich Schlaf und Hunger »ungestraft« unterdrücken?

Dies kann zu schweren Kreislaufbelastungen führen, bei chronischem Gebrauch verschiedentlich auch zu Krampfanfällen und Geisteskrankheiten. Da Aufputschmittel oft das Gefühl gesteigerten Wohlbefindens und größerer Leistungsfähigkeit vermitteln, führen sie leicht zu (psychischer) Abhängigkeit (siehe Frage 7). Eine Unterdrückung des Hungergefühls wird durch sog. *Appetitzügler* erreicht, die oft von Personen verwendet werden, die ihr Körpergewicht reduzieren wollen. Bei den meisten Appetitzüglern ist aber mit ähnlichen Nebenwirkungen zu rechnen, wie sie bei den Aufputschmitteln geschildert wurden.

Manche Menschen benutzen zur Gewichtsreduktion, aber auch wegen ständiger Obstipation (Stuhlverstopfung) regelmäßig *Abführmittel*, die ganz unterschiedlichen Stoffgruppen angehören. Bei chronischem Gebrauch kann Gewöhnung eintreten, die meist eine Dosissteigerung (siehe Frage 6) zur Folge hat; außerdem besteht die Gefahr der Verarmung des Körpers an bestimmten lebenswichtigen Mineralien (z. B. Kalium).

Alkoholismus – Ursachen und Entstehungsbedingungen

 Welche Ursachen spielen für die Entstehung von Alkoholismus eine Rolle?

Bei der Entstehung einer Alkoholabhängigkeit wirken, wie bei anderen Suchterkrankungen, drei Bedingungen zusammen (siehe S. 71, Abb. 5)
1. die Eigenwirkung des Alkohols (siehe Frage 45)
2. der Mensch mit seinen körperlichen und psychischen Eigenschaften (siehe Frage 49)
3. das Umfeld z. B.
   - Eltern, Familie (siehe Frage 53)
   - gegenwärtige Familie und Beruf (siehe Frage 54)
   - Arbeitsplatz (siehe Frage 55)
   - Einstellung der Öffentlichkeit zum Alkohol und zum Alkoholkranken (siehe Frage 56)
   - Trinkgewohnheiten (siehe Frage 57)

Damit sich bei einem Menschen überhaupt keine Alkoholkrankheit entwickeln kann, spielen immer mehrere Bedingungen (Faktoren) zusammen.

Welche dieser drei Bedingungen für die Entstehung von Alkoholismus die größte Rolle spielt, ist individuell verschieden. Keinesfalls jedoch kann nur eine dieser Bedingungen verantwortlich gemacht werden.

Welche Eigenwirkungen hat Alkohol?

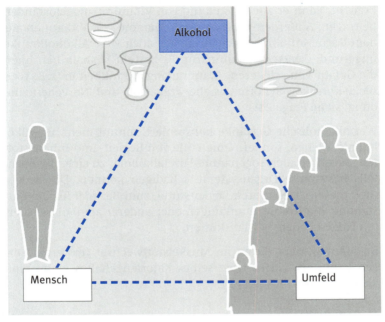

Abb. 5: Ursachen für die Entstehung von Alkoholismus.

45 Welche Eigenwirkungen hat Alkohol?

Alkohol hat vier wichtige Funktionen:

● **Nahrungsmittel**
Alkohol enthält vergleichsweise viele Kalorien (7,5 Kilokalorien pro Gramm = 30 Kilojoule pro Gramm). Er trägt deshalb nicht unerheblich, im Einzelfall sogar sehr massiv, zur Entstehung einer Fettleibigkeit bei (wie vor allem Biertrinker wissen). Darüber hinaus schädigt Alkohol in höheren Mengen bzw. bei längerem Konsum den Stoffwechsel. Es kommt zum Auftreten giftiger Stoffwechselprodukte, außerdem wird das Gleichgewicht der Blutzusammensetzung (z. B. durch Freisetzung von Fettstoffen und Eingriff in den Zuckerhaushalt) gestört. Da Alkohol bei seinem Abbau im Körper zusätzlich Vitamine (der B-Gruppe) ver-

braucht, kann er zur Entstehung von Vitaminmangelzuständen beitragen. Außerdem stört er die Aufnahme von Vitaminen aus dem Darm. Im übrigen ernähren sich auch viele Alkoholkranke ungesund, d. h. sehr vitaminarm. Es besteht deshalb bei ihnen die Gefahr von schweren Vitaminmangelkrankheiten (z. B. Wernicke-Korsakow-Syndrom, siehe Frage 22, und Nervenentzündung, siehe Frage 21).

Wer alkoholische Getränke konsumiert, nimmt nicht nur Alkohol als solchen, sondern eine Fülle von Begleit- und Inhaltsstoffen, darunter auch sogenannte Fuselalkohole, zu sich, die ebenfalls bestimmte Organsysteme schädigen können. Die Bedeutung dieser sogenannten Begleitstoffe, zum Beispiel für die Entstehung von Krebserkrankungen oder anderer alkoholassoziierten Folgeschäden, wird diskutiert.

Da Alkohol nicht direkt im Muskelstoffwechsel verwertet werden kann, erwirkt er trotz seines Kaloriengehaltes kaum eine Steigerung der Muskelkraft.

● **Genußmittel**
Etliche wohlschmeckende Getränke (z. B. Bier, Wein) enthalten Alkohol. Viele Menschen schätzen alkoholische Getränke aber nicht nur wegen ihres Wohlgeschmacks, sondern wegen ihrer psychischen Wirkung. Alkohol kann, in kleinen Mengen genossen, mithelfen, die Stimmung zu verbessern, Angst und Spannung zu mindern, Hemmungen und Kontaktscheu abzubauen (»... der Wein erfreue des Menschen Herz«, heißt es im Alten Testament!). Darin liegt aber zugleich eine Gefahr des Alkohol (siehe Frage 7). Seine antriebssteigernde, entspannende Wirkung trägt ganz wesentlich zur Suchtentstehung bei.

● **Rauschmittel**
Beim Genuß größerer Alkoholmengen, besonders wenn sie innerhalb kurzer Zeit konsumiert werden, kommt es zu einer rasch einsetzenden Verschlechterung der Hirnfunktionen. Die Wahrnehmungsfähigkeit läßt nach, Konzentration und Reaktionsvermögen sind beeinträchtigt, viele Gegenstände werden nicht mehr richtig oder zu langsam erkannt. Auch die motori-

Welche Eigenwirkungen hat Alkohol?

sche Geschicklichkeit verschlechtert sich erheblich, man tut sich schwerer, bestimmte Handlungen zu verrichten, vor allem wenn sie ungewohnt sind. Man wird unsicher auf den Beinen, die Sprache undeutlich und lallend. Treten nun Übermüdung, Dunkelheit oder andere Umgebungsfaktoren hinzu, so ist die Beeinträchtigung noch ausgeprägter. Auch das übrige Verhalten ändert sich unter Alkoholeinfluß. Man wird enthemmt und geschwätzig, macht Äußerungen, die man im nüchternen Zustand nie von sich gegeben hätte, wird leicht erregbar und aggressiv, oft auch recht unruhig und laut. Die Stimmung steigert sich immer mehr ins Heitere, schlägt dann aber oft um ins Depressive (»heulende Elend«). Wird der Alkoholgenuß fortgesetzt, kommt es schließlich zu starker Müdigkeit und dann zum Schlaf (manche Menschen reagieren auf Alkohol unmittelbar mit starker Müdigkeit). Dieser Zustand der »akuten Alkoholüberdosierung« wird Rausch genannt (siehe Frage 30). Ähnliche Zustände treten nach der Einnahme von anderen Drogen, insbesondere Schlafmitteln und starken Schmerzmitteln, auf.

Zahlreiche Menschen empfinden den Rausch als einen sehr angenehmen Zustand, den sie bewußt suchen, d. h. sie trinken Alkohol um seiner berauschenden Wirkung willen. Das Wort »Rausch« ist im übrigen sprachlich durchaus nicht negativ besetzt, so kennt die deutsche Sprache Begriffe wie »Schaffensrausch«, »Glücksrausch« oder ähnliche, die einen durchaus positiven Aspekt ansprechen. Schwere Rauschzustände beeinträchtigen aber in jedem Fall die psychische und physische Leistungs- und Erlebnisfähigkeit.

- **Gift**
(siehe Fragen 21 und 31)

■ Alkoholismus – Ursachen und Entstehungsbedingungen ■

 Wie verändert sich die psychische Leistungsfähigkeit unter Alkoholeinwirkung?

Welche Veränderungen in den verschiedenen psychischen Funktionsbereichen, wie Wahrnehmung, Stimmung, Gedächtnis usw. können nach dem Genuß bestimmter Alkoholmengen eintreten?

Aus wissenschaftlichen Untersuchungen ist bekannt, daß es durch Alkohol zu schweren Veränderungen im psychischen Leistungsbereich kommt, daß dabei nicht nur die Höhe des Blutalkoholspiegels (siehe Frage 30) eine Rolle spielt, sondern zum Beispiel auch die aktuelle körperliche Verfassung des Betreffenden, sein momentaner seelischer Zustand, die äußere Umgebung, in der er Alkohol trinkt u. v. a. m. Wir können deshalb nicht sagen, daß mit einem bestimmtem Blutalkoholspiegel auch ganz bestimmte Veränderungen in der psychischen Leistungsfähigkeit eines Menschen direkt verbunden sind. Insofern ist zum Beispiel auch die 0,5- bzw. 0,8-Promille-Regel für eine Ordnungswidrigkeit im Straßenverkehr (siehe Frage 36) eine Grenze, auf die man sich nach Anhörung verschiedenster Experten geeinigt hat, in dem Wissen, daß bei einem solchen Blutalkoholspiegel bei den meisten Menschen mit starken psychischen Veränderungen gerechnet werden muß, die die Verkehrssicherheit entscheidend beeinträchtigen. Sicher gibt es aber auch Menschen, die bereits bei geringerem Blutalkoholspiegel in ihrer psychischen Leistungsfähigkeit stark eingeschränkt sind (siehe Frage 30).

47 Ist Alkohol ein Heilmittel?

Es gab Zeiten, in denen Alkohol, vor allem Wein, später Brandwein und andere Schnäpse als Heilmittel angesehen wurden (z. B. »Frankenwein ist Krankenwein«). Vor allem in Klöstern und kirchlichen Stiftungen, die sich der Pflege der Kranken gewidmet hatten, wurden auch alkoholische Getränke, wie Wein, angeboten, teilweise wurden diese Einrichtungen auch durch den

Ist Alkohol ein Heilmittel?

Anbau von Wein finanziert. Manche Menschen sind auch heute noch der Meinung, Alkohol sei ein Heilmittel. Ist das richtig?

Alkohol hat vielfältige Wirkungen auf den Körper. So regt Alkohol in kleinen Mengen die Absonderung von Magensaft und des Sekrets zur Bauchspeicheldrüse an. Größere Alkoholmengen, besonders in konzentrierter Form, schädigen jedoch die Magenschleimhaut (siehe Frage 21). Alkohol führt zu einer Erweiterung der Blutgefäße der Haut, besonders im Gesicht und an Händen und Füßen. Das äußert sich in dem bekannten und oft recht angenehm empfundenen Wärmegefühl, das kurz nach einem Schluck Alkohol auftritt. Mit der Erweiterung der Blutgefäße ist aber eine vermehrte Wärmeabgabe des Körpers verbunden. Bei Kälte steigt damit die Gefahr des Erfrierens.

Eine Reihe von Untersuchungen in den letzten Jahren hat gezeigt, daß Alkohol in sehr kleinen Mengen möglicherweise dazu beiträgt, das Risiko für das Auftreten von Herzinfarkten etwas zu mindern. Der Effekt ist sicherlich nicht sehr ausgeprägt und dürfte im wesentlichen auf eine Veränderung des Fettstoffwechsels zurückzuführen sein, vielleicht auch auf die oben angesprochene Beeinflussung der Blutgefäße. Bei stärkeren Alkoholmengen (Trinkmenge über 40 Gramm pro Tag) kehrt sich dieser Effekt aber wieder um. Weiterhin sind die vielen anderen schädlichen Einflüsse von Alkohol zu beachten. Insofern kann man also nicht sagen, daß Alkohol als Heilmittel oder vorbeugendes Mittel eingesetzt werden sollte. Alkohol ist kein Heilmittel für Arteriosklerose, wie gelegentlich behauptet wird. Immerhin zeigen die vorliegenden Befunde aber einen gewissen »schützenden« Effekt geringer Mengen Alkohol für das Herz-Kreislauf-System.

Auf die psychischen Wirkungen des Alkohols wurde schon hingewiesen (siehe Frage 22 und 28).

Alkohol hat auch eine gewisse schmerzlindernde Wirkung. Diese liegt aber so nah an der Schwelle zur ausgesprochenen Giftwirkung, daß Alkohol heutzutage, wo viel bessere Medikamente zur Verfügung stehen, als Schmerzmittel nicht mehr in Frage kommt. Dies gilt auch für seine sonstigen oben geschilderten Wirkungen, insbesondere für seine Funktion als Beruhigungs- und Schlafmittel.

■ Alkoholismus – Ursachen und Entstehungsbedingungen ■■■■■■

Viele Hausmittel, die zum Teil sehr werbewirksam unter verschiedenen Namen angeboten werden, enthalten Auszüge von diversen Heilkräutern, denen eine entsprechend heilsame Wirkung nachgesagt wird. Allerdings sind sich die Benutzer nicht immer darüber im klaren, daß diese Hausmittel, sofern sie in flüssiger Form dargereicht werden, oft erhebliche Mengen an Alkohol enthalten können (zum Teil über 60 Volumenprozent!). Alkohol dient nämlich vornehmlich dazu, die Wirkstoffe aus den Heilkräutern herauszuziehen und über längere Zeit zu konservieren. Aus dem Beipackzettel wird der hohe Alkoholanteil dieser Mittel für den Laien häufig nicht ersichtlich, weil der Alkohol dort unter seinem vorgeschriebenen chemischen Namen Ethanol aufgeführt ist.

Alkohol kann also im wesentlichen als *Schein-Heilmittel* angesehen werden. Eine echte (ursächliche) Heilung von körperlichen Leiden wie eine echte Lösung von Problemen ist durch Alkohol ebensowenig zu erzielen wie durch andere (Rausch-)Drogen. Im Gegenteil, Alkohol erzeugt nur neue Probleme, weil er zur Abhängigkeit (siehe Fragen 6 und 7) und zu einer Reihe von Krankheiten und Störungen auf körperlichem, psychischem und sozialem Gebiet (siehe Frage 33) führen kann.

48 Hemmt oder fördert Alkohol das sexuelle Erleben?

Viele Frauen und Männer haben im Verlauf ihrer sexuellen Beziehung(en) erfahren, daß ihnen etwas Alkohol in gewissen Situationen oder zu bestimmten Momenten geholfen hat, ihre Hemmschwellen teilweise abzubauen und damit auch ihr sexuelles Erleben zu fördern.

Ähnlich berichten Frauen und Männer mit (behandlungsbedürftigen) sexuellen Problemen über die Wirkung von Alkohol. Manche Frauen mit Orgasmusschwierigkeiten berichten, sie könnten sich »leichter gehenlassen«, Männer mit Ejakulationsstörungen (vor allem mit vorzeitigem Samenerguß) erzählen häufiger, daß es ihnen gelinge, den Samenerguß zeitlich etwas zu verzögern,

Hemmt oder fördert Alkohol das sexuelle Erleben?

wenn sie Alkohol getrunken hätten. Allerdings erscheint die Alkoholwirkung meist nicht ausreichend, um eine dauerhafte und zufriedenstellende sexuelle Erlebnisfähigkeit zu gewährleisten. Aus diesem Grunde begeben sie sich dann doch in psychotherapeutische Behandlung.

Wir wissen also, daß kleine Alkoholmengen helfen können, leichtere sexuelle Hemmschwellen zu überwinden, sexuelle Beziehungen einzuleiten und das sexuelle Erleben selbst zu fördern. Wir wissen aber auch, daß stärkerer Alkoholkonsum genau gegensätzliche Wirkung hat, nämlich vorhandene Hemmschwellen oder sexuelle Probleme unter Umständen sogar noch verstärkt und die sexuellen Funktionen und Aktivitäten deutlich beeinträchtigt (siehe Frage 21).

In manchen Fällen kann eine sexuelle Problematik ein wichtiger Grund dafür sein, daß Frauen oder Männer zu irgendeinem Zeitpunkt ihres Lebens beginnen, häufiger und/oder in größeren Mengen Alkohol zu konsumieren und so allmählich einen Alkoholmißbrauch oder eine Alkoholabhängigkeit entwickeln (alkoholkrank werden, siehe Frage 3). Untersuchungen zeigen, daß sich in den Fachkrankenhäusern für Suchtkranke gehäuft Männer mit sexuellen Funktionsstörungen – entweder in Form von Störungen der Gliedsteife oder mit vorzeitigem Samenerguß – befinden. Selbstverständlich benötigen alle diese Patienten psychotherapeutische Hilfe, um neben der Alkoholproblematik auch diese Störungen verändern zu können.

Gerade am Beispiel der Behandlung von Sexualstörungen erweist sich, wie wichtig die ambulante Weiterbehandlung (siehe Frage 88) nach einem stationären Aufenthalt in einer Suchtfachklinik ist. Die sexuelle Problematik kann nämlich in der Klinik zwar angesprochen werden – schwierig ist dort aber deren Veränderung, weil die heute effektivste Form der psychotherapeutischen Behandlung von Sexualstörungen die *Partnertherapie* darstellt, also eine Therapie in Anwesenheit *beider* Partner. In der Fachklinik ist jedoch fast durchgängig nur einer der Partner, nämlich der alkoholkranke, anwesend. Die in den Fachkrankenhäusern meist durchgeführten Partnerseminare sind im allgemeinen eher ungeeignet für eine sexualtherapeutische Behandlung, weil sie nur auf ein oder zwei Wochenenden beschränkt sind und damit zuwenig Zeit zur Verfügung ist; außerdem stehen meist andere partnerschaftliche Probleme im Vordergrund, die ebenfalls einer Lösung bedürfen. Die Behandlung sexueller Probleme muß also vorwiegend *im Anschluß* ambulant im Rahmen der Weiterbehandlungs- und Nachsorgephase durchgeführt werden.

49 Mit welchen körperlichen Eigentümlichkeiten hängt die Entstehung von Alkoholismus zusammen?

Es gibt keine körperliche Krankheit, die zwangsläufig zum Alkoholismus führt, allerdings scheinen gewisse Erbeinflüsse eine Rolle zu spielen (siehe Frage 51). Durch längeren intensiven Alkoholkonsum kommt es aber regelmäßig zu einer Anpassung des Körpers an den Alkohol, der Mensch verträgt dann mehr Alkohol (»Toleranzentwicklung«, siehe Frage 6). Wird in diesem Zustand der Alkohol plötzlich weggelassen, können sehr unangenehme Beschwerden (sog. Entzugserscheinungen) auftreten.

50 Spielen psychische Störungen eine Rolle bei der Entwicklung von Alkoholismus?

Seit längerem ist bekannt, daß die meisten, wenn auch nicht alle psychischen Erkrankungen mit einem erhöhten Risiko für die Entwicklung von Alkoholismus einhergehen. Dazu gehören die »klassischen« Geistes- und Gemütserkrankungen, wie z. B. die sogenannten Schizophrenien, aber auch depressive bzw. manisch-depressive Erkrankungen, schwere Störungen der Persönlichkeitsentwicklung und andere psychische Störungen.

Wie verschiedene klinische Untersuchungen gezeigt haben, ist das Risiko für Patienten mit schizophrenen Erkrankungen (Leitsymptome: Wahn und Halluzinationen, Denkstörungen, Antriebs- und Gemütsveränderungen, eventuell Zerrüttung des Persönlichkeitsgefüges) bis zu vierfach erhöht, alkoholkrank zu werden. Häufig trinken diese Patienten, weil sie mit ihrer Erkrankung nicht zurechtkommen, aber auch, weil sie unter den Nebenwirkungen von Medikamenten leiden, oder weil sie oft im sozialen Leben beeinträchtigt, hilflos und alleine sind. Auch Patienten mit manisch-depressiver Erkrankung sind erheblich gefährdet, alkoholkrank zu werden, dies gilt besonders für Patienten mit Manien (Leitsymptome: fehlendes Schlafbedürfnis, Größenideen, Antriebssteigerung, verminderte Kritikfähigkeit, häufige Störung des Sozialverhaltens mit vermehrten Geldausgaben etc.), die vor allem in manischen Phasen oft erhebliche Mengen Alkohol trinken. Auch depressive Patienten trinken häufig, um ihre Gefühls- und Gemütsstörungen zu betäuben. Selbst wenn es keinen regelhaften Zusammenhang zwischen Entwicklung einer Alkoholabhängigkeit und einer psychischen Erkrankung gibt, so ist doch eine überzufällige Häufung von Alkoholismus bei den genannten Störungen festzustellen. Es ist also bei der ärztlichen Untersuchung sehr sorgfältig darauf zu achten, ob bei einem Alkoholkranken nicht noch zusätzlich eine begleitende Störung vorliegt, die dann unbedingt mitbehandelt werden muß.

Ist Alkoholismus erblich?

Seit langem ist bekannt, daß sich in bestimmten Familien Alkoholismus häuft. Dafür sind Einflüsse der Vererbung ebenso verantwortlich zu machen wie Umwelteinflüsse (siehe Frage 44).

Besonders interessant waren in den letzten Jahren Forschungsergebnisse aus Familien, Zwillings- und Adoptionsstudien. Dabei konnte unter anderem gezeigt werden, daß Erbeinflüsse eine große Rolle für die Entstehung von Alkoholismus spielen. Bei erbgleichen (eineiigen) Zwillingen ist der Alkoholismus bei den Zwillingspartnern häufiger als bei den nicht erbgleichen (zweieiigen) Zwillingen. Es liegt aber bei weitem keine 100prozentige Übereinstimmung vor, d. h., daß auch Umwelteinflüsse eine große Rolle spielen. Besonders interessant waren Adoptionsstudien, die zeigten, daß Kinder alkoholkranker Eltern, die nach ih-

Alkoholismus – Ursachen und Entstehungsbedingungen

rer Geburt adoptiert wurden und in Nichtalkoholiker-Familien aufwuchsen, im Vergleich mit anderen Adoptivkindern eine bis zu vierfach erhöhte Wahrscheinlichkeit aufwiesen, später selbst alkoholkrank zu werden. Auch Beobachtungen an Tieren sprechen für Erbeinflüsse bei der Entstehung von Alkoholismus.

Andere Untersuchungen haben sich mit der Frage beschäftigt, was vererbt wird. Es ist sehr unwahrscheinlich, daß ein einzelnes Gen für die Entstehung von Alkoholismus verantwortlich ist. Gesichert scheint, daß die individuelle Alkoholverträglichkeit (d. h. die Wirkungen und Effekte, die man bei einer bestimmten Alkoholdosis spürt) zum Teil genetisch mitbedingt ist. Langzeituntersuchungen an Kindern alkoholkranker Eltern zeigen, daß diese – im Vergleich zu anderen Jugendlichen – eine bessere Alkoholverträglichkeit aufweisen, sie also unter Alkoholeinfluß weniger Ausfälle haben, dafür aber offensichtlich anfälliger sind für die »positiven«, entspannenden bzw. enthemmenden Effekte des Alkohols. Gewissermaßen fehlt diesen Menschen eine innere Bremse, die sie davon abhält, weiterzutrinken. Diese Befunde können aber nicht alles erklären. Es sei ausdrücklich darauf hingewiesen, daß Kinder alkoholkranker Eltern keineswegs zwangsläufig alkoholkrank werden, auch wenn dies häufiger als in der Normalbevölkerung der Fall ist. Es ist heute, trotz der vielfältigen genetischen Untersuchungen, noch nicht möglich, individuelle Risikofaktoren für die Entwicklung einer Alkoholabhängigkeit sicher zu definieren.

Info

Auf keinen Fall läßt sich aus der Wirksamkeit der Erbeinflüsse schließen, daß Kinder alkoholkranker Eltern selbst alkoholkrank werden müssen! Man sollte sie aber über ein entsprechendes Risiko aufklären und beraten.

Von den Erbeinflüssen streng zu trennen ist die direkte Giftwirkung des Alkohols auf den Embryo bei schwerem Alkoholmißbrauch der Mutter (Alkohol-Embryopathie, siehe Frage 29).

■■■■■■ **Welche Rolle spielt das Beispiel der Eltern für Alkoholismus?** ■■

52 ▶ Was ist das »Suchtgedächtnis«?

Vor allem die neuere tierexperimentelle Forschung legt nahe, daß etwa im limbischen System im Gehirn bestimmte suchtrelevante Gedächtnisinhalte gespeichert werden. Das limbische System hat eine große Bedeutung für die Wirkung von Rauschdrogen und ist eng mit Verhaltensfunktionen wie Emotionalität, Triebregungen, Sexualität, Lust- und Unlustempfinden und Nahrungsaufnahme verbunden. Es liegt nahe, daß Rauschdrogen, wie z. B. Alkohol, ihre Wirkung über dieselben Bahnen im Gehirn entfalten wie das »natürliche« Belohnungssystem. Hat das Gehirn nun gelernt, daß mit Hilfe von Alkohol bestimmte Gefühlsregungen wie z. B. Unlustgefühle nicht mehr als solche empfunden werden, wird es nach Alkohol verlangen (»Suchtgedächtnis«), um von diesem negativen Gefühlszustand weg und hin zu einem Zustand des Wohlbefindens, nämlich dem alkoholisierten Zustand, zu kommen.

Das »Suchtgedächtnis« wird deshalb heute als ein wichtiger Grund dafür gesehen, daß beim Alkoholkranken oft lange nach Eintreten der Abstinenz noch Verlangen nach Alkohol auftritt und daß damit auch häufiger Rückfälle verbunden sind.

53 ▶ Welche Rolle spielt das Beispiel der Eltern für die Entstehung von Alkoholismus?

Häufig stammen Alkoholkranke aus Familien, in denen schon ein Elternteil alkoholkrank war. Verschiedentlich ist deshalb beim Alkoholismus über die Einflüsse von Erbanlagen der Eltern (siehe Frage 51) diskutiert worden.

Zweifellos spielen aber auch Umwelteinflüsse eine wesentliche Rolle. So ist bedeutsam, wenn ein Kind von seinem Vater (oder von seiner Mutter) nicht gelernt hat, Probleme in der richtigen Form zu bewältigen. Obwohl der Jugendliche den Alkoholismus seines Vaters ausgesprochen negativ erlebt hat, kann er schließ-

Alkoholismus – Ursachen und Entstehungsbedingungen

lich das Vorbild des Vaters übernehmen und trinken, um seine eigenen Probleme zu lösen (»Modellernen«).

Weiterhin wissen wir, daß Kinder ganz allgemein die nächsten Bezugspersonen, also vorwiegend die Eltern, nachahmen. Wie bekannt, trinken die »Alkoholnormalverbraucher« vornehmlich dann, wenn sie sich wohl fühlen, und sie äußern sich auch diesbezüglich (»Hmmm, das schmeckt!«). Will das Kind sich nun auch »wohl fühlen«, so heißt es: »Alkohol ist nichts für Kinder!« und man verbietet, ohne dies weiter zu begründen. Ohne eine Begründung aber ruft man beim Kind die Überzeugung hervor, es würde ihm etwas ausgesprochen »Gutes« vorenthalten. Und im Bekanntenkreis, wenn alle beieinandersitzen und das Kind dann tatsächlich aus dem Glas eines Anwesenden (vielleicht ohne es abzusetzen) trinkt: Alle verstummen und achten wieviel es trinken kann, und lachen, wenn jemand sagt: »Wie der trinkt, ein echter Sohn seines Vaters!« Daß man so den Wert des Alkohols für das Kind verstärkt, wird nicht bedacht. Häufig wird auch angenommen, der erste Rausch sei gleichbedeutend mit dem Erwachsenwerden und nur derjenige, ein ganzer Kerl, der viel verträgt.

Info

Je häufiger und ausgiebiger im Elternhaus Alkohol getrunken wird, um so größer ist die Wahrscheinlichkeit für die Kinder, später auch ständig und viel Alkohol zu konsumieren.

54 Welche Rolle spielen Konflikte in Familie und Beruf für die Entstehung von Alkoholismus?

Im Prinzip kann jeder Konflikt Auslöser für die Entstehung erhöhten Alkoholkonsums sein, so auch ein Konflikt im familiären oder beruflichen Bereich. Der erhöhte Alkoholkonsum ruft jedoch wieder vermehrte Schwierigkeiten (Streitereien, Vorwürfe

■■■■■ **Welche Rolle spielt die Meinung der breiten Öffentlichkeit?** ■■

des Partners, finanzielle Probleme etc.) und berufliche Probleme (unentschuldigtes Fernbleiben vom Arbeitsplatz, Angetrunkensein während der Arbeit usw.) hervor; die Konflikte häufen sich und der Drang danach, diesen Konflikten aus dem Weg zu gehen, wird immer größer (»Teufelskreis« vgl. Abb. 2, S. 31).*

 Welche Rolle spielt der Arbeitsplatz für die Entstehung von Alkoholismus?

Es gibt ganz erhebliche Unterschiede bei der Häufigkeit von Alkoholismus in einzelnen Berufen. So sind Angehörige sogenannter »Alkoholberufe«, das heißt Berufe, die mit Alkoholproduktion und Alkoholvertrieb zu tun haben (z. B. Gastwirte, Kellner), besonders gefährdet. Interessanterweise ist auch die Lebenserwartung gerade bei Gastwirten viel geringer als in anderen Berufsgruppen. Weiter sind Angehörige von Baubetrieben gefährdet, aber auch Selbständige ohne feste Arbeitszeit und Mitarbeiter im Außendienst oder überhaupt Personen, die sich berufsbedingt oft in einem gesellschaftlichen Rahmen bewegen, wo der Konsum von Alkohol häufig ist (z. B. Politiker).

 Welche Rolle spielt die Meinung der breiten Öffentlichkeit bei der Entstehung von Alkoholismus?

Die Meinung der breiten Öffentlichkeit zum Alkohol bzw. Alkoholkranken ist ausgesprochen zwiespältig. Während einerseits der Alkoholabhängige in unserer Öffentlichkeit als »Säufer« oder »Trinker« negativ gesehen wird, gilt auf der anderen Seite zeitweiliges Rauschtrinken, zum Beispiel an Fasching oder auf Volksfesten, eher als männlich und damit als außerordentlich

---

* Saint-Exupéry hat diesen Teufelskreis in seinem Buch »Der kleine Prinz« treffend geschildert: »Warum trinkst du?« – »Weil ich mich schäme.« – »Warum schämst du dich?« – »Weil ich trinke.«

83

■ Alkoholismus – Ursachen und Entstehungsbedingungen ■

positiv. Ein »ganzer Kerl« ist, wer möglichst viel Alkohol verträgt und ein »Schwächling«, wer nichts oder nur sehr wenig trinkt. Durch diese positive Einstellung zum Alkohol unterstützt die breite Öffentlichkeit den Alkoholkonsum und fördert dadurch letztlich auch die Gefahr der Alkoholabhängigkeit. In den letzten Jahren ist hier ein gewisses Umdenken festzustellen, trotzdem ist die Haltung der Öffentlichkeit dem Alkoholkonsum gegenüber längst nicht so negativ wie zum Beispiel in bezug auf Zigarettenkonsum, der heute viel verpönter ist als noch vor einigen Jahren. Während es völlig üblich ist, rauchfreie Zonen zu haben (z. B. Nichtraucherflüge), wird man in Deutschland (anders als z. B. in den USA) kaum Lokale oder Räume finden, in denen der Konsum von Alkohol verboten ist.

Eine große Rolle als Konsumvorbilder spielen Personen, die ganz allgemein als Leitbilder und »Meinungsführer« wirken. Sie gibt es in den Massenmedien (vor allem im Fernsehen) genauso wie in kleineren Kreisen (z. B. Arbeitsgruppen oder Vereinen). Ihr Verhalten wird von vielen Menschen bewußt oder unbewußt übernommen. Dies gilt auch für ihr Konsumverhalten hinsichtlich Alkohol und Tabak. In diesem Zusammenhang ist es selbstverständlich auch äußerst problematisch, wenn zum Beispiel Sportler in Zeitungsanzeigen oder im Fernsehen für alkoholische Getränke werben. Sportsendungen werden zum großen Teil über Reklame für Bier und andere alkoholische Getränke finanziert. In Deutschland fehlen, im Gegensatz zu anderen Ländern, im übrigen prominente Personen, die sich offen als »trockene Alkoholiker« präsentieren und über ihre Therapieerfahrungen berichten. Solche für Abhängige positiven Leitbilder sind leider ausgesprochen selten.

 Welche Rolle spielen die Trinksitten für die Entstehung von Alkoholismus?

Trinksitten sind mitverantwortlich für die Entstehung des Alkoholismus. Wo Alkohol aus religiösen Gründen verboten ist (z. B. in manchen islamischen Ländern), wird im Durchschnitt wenig Alkohol getrunken. In den übrigen Ländern ist der Alkoholkonsum zwar erheblich größer, aber doch je nach Kulturkreis und Landessitten recht unterschiedlich. Es gibt Länder (z. B. Frankreich, Italien und Deutschland), wo mehr oder weniger regelmäßig zu den Mahlzeiten Wein oder Bier getrunken wird, allerdings noch in begrenzten Mengen. In anderen Ländern ist der regelmäßige Alkoholkonsum beim Essen nicht möglich; hier wird außerhalb der Mahlzeiten getrunken, wobei hochprozentige Alkoholika bevorzugt werden (z. B. skandinavische Länder, Nordamerika). Der Alkoholgenuß beschränkt sich hier nur auf einen Teil der Bevölkerung, der aber dann relativ große Mengen konsumiert, während ziemlich viele Menschen in diesen Ländern völlig abstinent leben (z. B. in den USA etwa ein Drittel der Bevölkerung, sehr viel mehr als in Deutschland).

58 Was hat Freizeit mit Alkoholismus zu tun?

Die alleinige Ursache für eine Alkoholabhängigkeit liegt sicherlich nicht in der Freizeit, andererseits ist es aber eine Tatsache, daß vor allem in den letzten Jahrzehnten, insbesondere durch die zunehmende Technisierung, der Mensch immer mehr Freizeit zur Verfügung hat und daß diese Freizeit sicher auch zu Problemen führen kann.

> **»Schwierigkeitsherde«**
>
> - Die Gestaltung der Freizeit wird durch die Vielzahl der Freizeitangebote eher erschwert als erleichtert; eigenes schöpferisches Gestalten, eigene Phantasien und eigene Aktivitäten erscheinen nicht mehr notwendig (Fernsehen!). Chronische Langeweile führt im übrigen leicht zu Alkoholkonsum.
> - Viele Freizeitveranstaltungen sind üblicherweise mit Alkoholkonsum oder sogar Alkoholmißbrauch verbunden (Faschingsfeste, Vereinsfeiern, aber auch Sportveranstaltungen). Hier herrscht oft die Ansicht vor, daß ein gutes Spiel, ein großer Sieg usw. auch ordentlich »begossen« werden müssen.

59 Warum wird Alkohol heute so vielen Frauen zum Verhängnis?

Der Anteil der Frauen unter den Alkoholkranken ist in den letzten Jahren deutlich gestiegen (Verhältnis Männer zu Frauen heute etwa zwei bis drei zu eins, vor 40 Jahren zehn zu eins). Dies dürfte mit der veränderten Rolle der Frau in unserer Gesellschaft zusammenhängen. Die Emanzipationsbewegung hat neben vielen Vorteilen auch einige Gefahren mit sich gebracht. Die Doppelbelastung der Frau durch Haushalt und Beruf, soziale Isolierung im höheren Alter, Angst vor dem Alleinsein und anderes. Selbstverständlich haben viele Frauen auch in früheren Zeiten zur Konfliktbewältigung schon Alkohol getrunken; das Problem trat aber damals nicht so sehr in die Öffentlichkeit. Sicherlich wird eine Frau, die in der Öffentlichkeit Alkohol trinkt, heute ganz anders angesehen und weniger abgewertet, als das noch vor etwa 40 Jahren der Fall war.

Wie verschiedene Untersuchungen zeigen, lebt ca. ein Drittel der weiblichen Alkoholkranken ohne festen Partner. Es ist jedoch nur schwer festzustellen, ob der Alkoholismus die Folge oder die Ursache einer fehlenden Partnerschaft ist.

Bemerkenswert ist weiterhin, daß bei einem hohen Anteil der alkoholkranken Frauen (bei ca. 30 Prozent!) auch die Männer alkoholkrank sind. Dies wirft für die Therapie erhebliche Probleme auf.

60 Warum greifen so viele Jugendliche zur Flasche?

Der Anteil der Jugendlichen (unter 25 Jahren) unter den behandlungsbedürftigen Alkoholkranken in der Bundesrepublik beträgt ca. 10 Prozent. Anders ausgedrückt, haben ca. 220 000 bis 250 000 junge Menschen unter 25 Jahren in Deutschland ein Alkoholproblem. Die Frage, ob der Alkoholkonsum unter Jugendlichen in den letzten Jahren eher gestiegen oder gefallen ist, wird

Warum greifen so viele Jugendliche zur Flasche?

in verschiedenen Untersuchungen unterschiedlich beantwortet, sicher ist aber, daß die Zahl alkoholkranker Jugendlicher höher ist als noch vor Jahrzehnten.

> **Gründe für den Alkoholismus bei Jugendlichen**
>
> - Viele Jugendliche haben Schwierigkeiten mit ihren Eltern; besonders häufig klagen sie über Inkonsequenz oder ungerechtes Verhalten.
> - Viele Eltern geben durch ihren Alkoholverbrauch den Kindern ein schlechtes Beispiel (siehe Frage 53).
> - Viel freie Zeit und ein relativ hohes Einkommen ermöglichen einen verstärkten Alkoholkonsum.
> - Jugendarbeitslosigkeit, die in den letzten Jahren sehr viel häufiger geworden ist, führt zu großen persönlichen und familiären Problemen (z. B. vermindertem Selbstwertgefühl, Abhängigkeit vom Elternhaus und ähnlichem).
> - Viele Jugendliche benutzen Alkohol zur Bewältigung ihrer Ängste in Schule, Beruf und Partnerschaft.

Weiterhin ist aus vielen Untersuchungen bekannt, daß es gerade die Gruppe der Gleichaltrigen ist, die einen intensiven Druck auf den einzelnen ausübt: Er muß trinken oder glaubt zumindest, trinken zu müssen, um von den anderen anerkannt zu werden, und gerät dadurch leicht in die Abhängigkeit. Ähnlich ist die Gefahr im übrigen bei anderen Rauschdrogen, speziell auch bei den sog. illegalen Drogen, die häufig, fast immer im Freundes- oder Bekanntenkreis zum erstenmal »ausprobiert« werden.

Gründe oder Ausreden?

Fragt man einen Alkoholkranken, warum er immer wieder zur Flasche greift, so weiß er meist eine ganze Reihe von Gründen anzugeben, z. B. »weil es mir schmeckt« oder »weil es kalt ist« oder »weil es so warm ist« oder »weil ich so alleine bin« oder »weil ich in Gesellschaft gewesen bin« usw.

Schon aus dieser kurzen Aufzählung läßt sich ersehen, wie widersprüchlich diese »Gründe« sein können. Manchmal mögen sie sicherlich zutreffen, in vielen Fällen handelt es sich jedoch um bloße Ausreden.

Alkoholismus – Behandlung und Vorbeugung

 62 **Wann ist der beste Zeitpunkt für eine Behandlung gekommen?**

Wie bei jeder anderen Krankheit wäre es eigentlich wünschenswert, daß eine Behandlung möglichst frühzeitig einsetzt, damit keine Schäden eintreten, die nicht wiedergutgemacht werden können. Die meisten Alkoholkranken sind jedoch am Anfang ihrer Krankheit nicht behandlungsbereit: Der Leidensdruck ist noch zu gering und andererseits die positiv erlebte Wirkung des Alkohols noch zu stark.

Der erfolgversprechendste Zeitpunkt für das Einsetzen der Therapie ist vielfach erst dann gekommen, wenn der Alkoholmißbrauch zu einem Tiefpunkt in gesundheitlicher, familiärer und beruflicher Hinsicht geführt hat und der Alkoholkranke »reif« geworden ist für die Einsicht, daß er sein Leben grundlegend ändern muß, um sein Alkoholproblem zu lösen. Dennoch ist eine Frühbehandlung anzustreben. Voraussetzung dafür ist eine Früherkennung des Alkoholismus. Die richtige Diagnosestellung ist nämlich in den frühen Phasen gar nicht so einfach, da viele Patienten ihren Alkoholkonsum verleugnen und zahlreiche Frühsymptome nicht eindeutig sind.

 63 **Ist eine Heilung überhaupt möglich?**

In weiten Kreisen der Bevölkerung, aber auch bei manchen Ärzten ist leider die Meinung verbreitet, ein »wirklich Alkoholkranker« sei nicht mehr heilbar: Wenn jemand erst einmal richtig dem Alkohol verfallen sei, könne man ihm auf Dauer doch nicht helfen, man müsse ihn sozusagen »abschreiben«. Eine solche

■ **Alkoholismus – Behandlung und Vorbeugung** ■

Meinung gründet sich in dieser pauschalen Form letztlich auf ein Vorurteil, wenngleich nicht bestritten werden kann, daß für einzelne Alkoholkranke eine so pessimistische Prognose tatsächlich zutreffend ist. Dies unterscheidet jedoch die Alkoholkrankheit nicht von anderen schweren Krankheiten, wo ebenfalls neben einem hohen Prozentsatz von Heilung oder deutlicher Besserung in einigen Fällen eine schlechte Prognose gestellt werden muß.

Sicher aber ist, daß die Alkoholkrankheit nur geheilt werden kann, wenn die Betroffenen selbst mit allen ihren Kräften mitarbeiten (Motivation zur Behandlung, siehe Frage 69). Während jedoch bei körperlichen Krankenheiten die meisten Menschen bereit sind, sich von Fachleuten helfen zu lassen, ist dies bei seelischen Problemen leider oft nicht der Fall. In weiten Kreisen der Bevölkerung gilt es immer noch als Schwäche, einzugestehen, das eigene Leben nicht ohne Hilfe anderer meistern zu können. Daher verbergen die Betroffenen ihr Leiden so lange wie irgend möglich. Beim Abhängigen kommt hinzu: Er weiß letztlich genau, daß er auf alkoholische Getränke verzichten muß, obwohl er die Erfahrung gemacht hat, daß Alkohol ihm seine Probleme stets kleiner (»durch eine rosarote Brille«) hat erscheinen lassen. Er hat übermächtige Angst, ins Leere zu fallen, wenn er nicht mehr trinkt. Wenn man bedenkt, wie lange schon das süchtige Verhalten die Reaktion auf verschiedenste Stimmungen, Erlebnisse und unerfüllte Bedürfnisse ist und durch wieviele neue Verhaltensweisen und Einstellungen die Sucht im Laufe der Therapie ersetzt werden muß, wird diese Angst auch begreiflich.

Insofern besteht beim Alkoholkranken, zumindest am Anfang, eine äußerst zwiespältige (ambivalente) Einstellung zur Behandlung. Wenn Betroffene manchmal auch einsehen, daß sie Probleme mit Alkohol haben, so ist ihr Entschluß, in Zukunft darauf zu verzichten, manchmal recht halbherzig. Abhängige sind deshalb oft erst unter größtem, durch äußere Umstände erzeugten Druck (z. B. Schulabgang, Arbeitsplatzverlust, Führerscheinverlust, finanzielle Notlage, Trennung von der Familie usw.) fähig, diese Hindernisse zu überwinden und sich ihre Situation einzugestehen. Erst wenn sie unter den Folgen ihrer Abhängigkeit

Was ist gemeint mit »Krankheit als Chance«?

mehr leiden als daß Alkohol ihnen noch Lustgewinn oder Trost verschafft, finden sie den Willen zur Veränderung.

Die meisten Alkoholkranken glauben also zunächst, sich alleine helfen zu können, was in Wirklichkeit nur den wenigsten gelingt. Wenn aber eine fachkundige Behandlung über genügend lange Zeit durchgeführt wird und der Alkoholkranke »gut motiviert« (siehe Frage 69) ist, d. h. sich helfen lassen will, sind die Heilungschancen so günstig wie bei vielen anderen vergleichbaren Krankheiten auch.

64 Was ist gemeint mit »Krankheit als Chance«?

Ein geflügeltes Wort lautet: »Jede Medaille hat zwei Seiten!« So ist es auch mit der Krankheit Alkoholismus.

Freilich fühlt sich jeder, der sich eingestehen muß, alkoholkrank zu sein, erst als Versager, als einer, der eine schwere Niederlage erlitten hat. Er wehrt sich innerlich deshalb lange gegen die Erkenntnis, sucht nach Argumenten dagegen, verheimlicht und versteckt seine Probleme – und muß schließlich doch vor seiner Krankheit kapitulieren ...

Wenn der Betroffene etwas zur Ruhe kommt, z. B. im Krankenhaus in der ersten Zeit nach der Entgiftung, wenn es ihm gelingt, etwas Abstand zu seinen Problemen, Ängsten und Selbstvorwürfen zu bekommen und damit vielleicht auch etwas Abstand zum Thema »Alkohol«, dann kann er möglicherweise auch die andere Seite seiner Krankheit begreifen lernen, nämlich, daß sein Alkoholismus auch eine Chance bietet: die Chance, etwas ändern zu können und zu müssen.

Prinzipiell bieten auch andere Krankheiten die Chance zu dieser Erkenntnis, denn auch andere Krankheiten, haben seelische und körperliche Ursachen und/oder Auswirkungen. Jeder Schmerz ist ein Alarmsignal, ein Notruf unseres Körpers, nicht weiter so »mißhandelt« zu werden. Es kann letztlich nicht ausreichen, den Schmerz mit einer Tablette oder einer Operation zu beenden – es

Alkoholismus – Behandlung und Vorbeugung

muß gelten, die Ursachen dieses Schmerzes zu bekämpfen, weil er sonst an dieser oder einer anderen Stelle wieder aufleben wird.

Die Ursache des Alkoholismus ist nicht allein der Alkohol. Die Ursachen liegen auch in der Lebensführung des Betroffenen, im Vermeiden von Problemen, im unkontrollierten, wenig bewußten Umgang mit dem Suchtmittel und anderen der psychischen Gesundheit wenig förderlichen Verhaltensweisen (siehe »Ursache Mensch«, siehe Frage 44).

Wer seinen Alkoholismus so begreift und seinen eigenen Anteil an dieser Erkrankung akzeptiert, wird bald erkennen, daß seine Krankheit auch eine Chance ist, nämlich die Chance, sein Leben in Zukunft zufriedener und freudvoller erleben (im wahrsten Sinne des Wortes!) zu können. Dann wird er auch begreifen und akzeptieren, daß ein zufriedeneres Leben nur *ohne* Alkohol möglich ist: Er muß auf nichts verzichten – *er braucht den Alkohol nicht mehr.*

Welche Chancen die Krankheit Alkoholismus bietet (also die zwei Seiten *derselben Medaille!*), macht eine Gegenüberstellung von Begriffen deutlich, deren Anfangsbuchstaben auf der einen Seite das Wort »Alkoholismus« ergeben, auf der anderen Seite das Wort »Nüchternheit« (aus: Schneider, R., 1988).

Alkoholismus oder Nüchternheit – zwei Seiten »derselben Medaille«

Angst	**N**eubeginn
Lügen	**Ü**berlegung
Krankheit	**C**hance
Ohnmacht	**H**alt
Hoffnungslosigkeit	**T**rost
Offenbarungseid	**E**hrlichkeit
Lustlosigkeit	**R**eserven
Impotenz	**N**estwärme
Schlafstörungen	**H**offnung
Mutlosigkeit	**E**rfahrungen
Unverständnis	**I**nteressen
Selbstmitleid	**T**atkraft

65) Welche Voraussetzungen sind für die erfolgreiche Behandlung des Alkoholkranken nötig?

Die erfolgreiche Behandlung eines Alkoholkranken setzt seine Bereitschaft (Motivation) zur Behandlung voraus (siehe Frage 69) und seinen Willen, in Zukunft abstinent zu leben (siehe Frage 70). Beide Aspekte sind jedoch nicht sozusagen »automatisch« gegeben, sondern müssen sich erst entwickeln.

> **Sechs Erkenntnisschritte als Voraussetzung zur erfolgreichen Behandlung des Alkoholkranken**
>
> 1. Erkenntnis, daß eine Änderung der gegenwärtigen Situation notwendig ist (»So geht es nicht mehr weiter!«)
> 2. Anerkennung der Hilfsbedürftigkeit (»Ich schaffe es nicht mehr allein!«)
> 3. Akzeptieren der angebotenen Hilfe (»Ich lasse mir helfen!«)
> 4. Akzeptieren, alkoholabhängig zu sein (»Ich bin alkoholkrank!«)
> 5. Anerkennung des Abstinenzziels (»Ich akzeptiere, daß ich keinen Alkohol mehr trinken darf!«)
> 6. Anerkennung des Ziels des allgemeinen Verhaltenswandels (»Ich muß mein Leben anders gestalten, wenn ich nicht mehr rückfällig werden will!«)

Den Alkoholkranken bei der Entwicklung dieser Erkenntnisschritte zu unterstützen, ist das vornehmliche Behandlungsziel in der Kontakt- und Motivierungsphase – und oft auch der schwierigste Teil im gesamten Behandlungsverlauf.

Die weitergehende Therapie ist erst nach Durchlaufen der oben genannten Schritte sinnvoll. In dieser Behandlungsphase (»Entwöhnungsbehandlung«, siehe Frage 80) werden dann die Verhaltensweisen abgebaut, die früher zum Alkoholmißbrauch beigetragen haben und jene aufgebaut, die ein zufriedenes und erfülltes Leben in der Zukunft fördern.

■ Alkoholismus – Behandlung und Vorbeugung ■

 Welches Ziel soll durch eine Behandlung erreicht werden?

Hauptziel der Behandlung ist es, dem Alkoholkranken zu helfen, eine körperlich und seelisch gesunde (d. h. beschwerde- und symptomfreie) Persönlichkeit zu werden, die in sozialer Selbständigkeit zufrieden leben kann.

Der Alkoholkranke kann dem Alkohol nicht entfliehen – letztlich begegnet er diesem in unserer Gesellschaft tagtäglich x-mal. Insofern muß der Alkoholkranke mit Hilfe der Behandlung lernen: »*Mit dem Alkohol leben, ohne ihn zu trinken!*«

Nur dann kann er erfahren, daß er Gesundheit, Selbständigkeit und Zufriedenheit erreicht, weil er nur dann keine Angst haben muß, wieder zurückzufallen in all die Probleme seiner »nassen« Zeit.

 Wer trägt die Behandlungskosten?

Der Suchtkranke hat Anspruch auf ärztliche ambulante und stationäre Behandlung und, wenn die Voraussetzungen erfüllt sind, auch auf Krankengeld bzw. Übergangsgeld. Als Kostenträger für die Behandlung in Fachkliniken kommen verschiedene in Frage:

Bundesrepublik Deutschland

Rentenversicherungsträger Alkoholkranke, die zum Zeitpunkt der Antragstellung eine Versicherungszeit von 180 Kalendermonaten aufzuweisen haben oder in den vorausgegangenen 24 Kalendermonaten mindestens sechs Monate lang aufgrund eines versicherungspflichtigen Arbeitsverhältnisses Beiträge an den Rentenversicherungsträger entrichtet haben, erfüllen die versicherungsrechtlichen Voraussetzungen für Leistungen. Das gilt sowohl für die Bundesversicherungsanstalt für Angestellte (BfA) als auch für die jeweiligen Landesversicherungsanstalten der Arbeiter (LVA).

Krankenkassen Alkoholkranke, die keinen Anspruch auf Leistungen durch den zuständigen Rentenversicherungsträger haben, weil sie die Voraussetzungen dafür nicht erfüllen, aber in einer gesetzlichen Krankenversicherung Mitglied sind, haben Anspruch auf Übernahme der Kosten für eine Behandlung in einer Fachklinik durch die zuständige Krankenkasse.

Überörtliche Träger der Sozialhilfe Alkoholkranke, für die weder ein Rentenversicherungsträger noch eine gesetzliche Krankenkasse zuständig ist, können im Rahmen des Bundessozialhilfegesetzes (BSHG) Hilfe vom überörtlichen Träger der Sozialhilfe in Anspruch nehmen.

Österreich

Für die Behandlungskosten und für das Krankengeld kommen in der Regel die Krankenkassen auf. Ausgenommen sind nur die sogenannten »chronischen Alkoholiker, bei denen Charakterveränderungen vorliegen«. Sind diese arbeitsunfähig und daher nicht krankenversichert, werden Behandlungskosten von den Sozialbehörden (gemäß Sozialhilfe- oder Behindertengesetz) getragen. Ebenso ist dies der Fall bei Unversicherten (Sozial- und Behindertenhilfeempfängern) mit günstiger Prognose.

Die Sozialbehörden finanzieren heute üblicherweise nicht mehr nur die Behandlung in psychiatrischen Anstalten, sondern auch den stationären Aufenthalt in einer offenen Spezialeinrichtung.

68 Welche Erfolgsaussichten hat eine Behandlung?

Die Erfolgsaussichten einer zielbewußten und kontinuierlich durchgeführten Behandlung sind viel besser, als oft angenommen wird. Neuere Nachuntersuchungen an deutschen Patienten ergaben, daß über 50 Prozent 18 Monate nach Entlassung aus einer stationären Entwöhnungsbehandlung noch abstinent sind; sie zeigen außerdem eine deutliche Verbesserung in ihrem All-

Alkoholismus – Behandlung und Vorbeugung

gemeinbefinden, ihrem gesundheitlichen Zustand und ihrer beruflichen und familiären Situation. Aber auch eine ausschließlich ambulante Behandlung kann bei Alkoholkranken zu ähnlich guten Ergebnissen führen, wenn bestimmte Voraussetzungen gewährleistet sind (siehe Frage 80). Gelegentlich kleinere Rückfälle kommen auch bei sonst günstigem Verlauf vor. Es wäre sicher falsch, diese sozusagen automatisch als Scheitern der Behandlung zu werten. Viel sinnvoller erscheint es, den Rückfall »aufzuarbeiten« und zusammen mit einem Berater herauszufinden, auf welche Ursachen er zurückzuführen ist.

69 Was meint »motiviert sein zur Behandlung«?

Eine Behandlung des Alkoholkranken durchführen zu wollen, ohne daß er selbst dazu motiviert ist, ist meist schon im vorhinein zum Scheitern verurteilt. Was meint deshalb »motiviert sein zur Behandlung«, und wie läßt sich diese Motivation erreichen?

Ist ein Alkoholkranker nicht zu einer Behandlung bereit, wird – oft auch von Fachleuten – gesagt, er sei eben »nicht motiviert«, so als würde man ihm einen Vorwurf machen, daß er etwas nicht tut, was er eigentlich tun müßte (nämlich sich behandeln zu lassen!). Ein bekannter Psychologe sagte einmal: »Selbstverständlich ist der Alkoholkranke motiviert, aber eben zu etwas anderem als Arzt und Therapeut wollen!«, z. B. dazu, mit seiner Krankheit selbst fertig zu werden …

»Motivation zur Behandlung« ist also nicht eine Sache, die der Alkoholkranke hat oder nicht hat, sondern stellt einen Prozeß dar, der sich beim Patienten entwickeln muß, der aber auch von außen (z. B. durch einen Therapeuten, durch Angehörige oder Freunde) angeregt und gefördert werden kann. Dieser Prozeß führt dazu, daß der Alkoholkranke allmählich erkennt (siehe Frage 65), daß er mit seinen Problemen eben nicht mehr alleine fertig werden kann, sondern daß er dringend Hilfe braucht.

Was meint: »motiviert sein zur Behandlung«?

Das Wissen darum, Hilfe zu benötigen, heißt jedoch lange nicht, daß er (schon) fähig ist, diese Hilfe auch anzunehmen. In vielen Fällen dauert es noch Monate oder Jahre, bis der Alkoholkranke fremde Hilfe akzeptieren kann. Neueren Forschungsarbeiten nach spielen für diesen Prozeß anscheinend zwei Aspekte eine Rolle, nämlich das Ausmaß der *Folgen des Trinkens* und die *Behandlungsbedingungen* selbst.

> **Damit der Alkoholkranke fremde Hilfe akzeptiert, sind oft bestimmte Faktoren entscheidend**
>
> Folgen des Trinkens
> - Schwere der Abhängigkeitssymptome
> - Schwere der Folgeschäden
> - depressive Stimmung (»Ausweglosigkeit«)
> - negative Lebensereignisse (»Schicksalsschläge«) in den letzten vergangenen Monaten ...
>
> Behandlungsbedingungen
> - der Patient muß davon überzeugt sein, daß die angebotene Behandlung erfolgreich ist
> - die angebotene Behandlung darf keine zu starken subjektiven Belastungen mit sich bringen

Insgesamt heißt dies also: Je ausgeprägter die Folgeerscheinungen des Trinkens (»Leidensdruck«) für den Alkoholkranken und je annehmbarer die Behandlungsbedingungen für ihn, desto eher besteht auch eine Motivation zur Behandlung. (Anm.: Motivation zur Behandlung hängt aber nicht unbedingt mit ihrem Erfolg zusammen, sondern nur mit dem Entschluß, eine Behandlung zu beginnen!)

Was bedeutet diese Erkenntnis für alle (z. B. Angehörige, Freunde), die dem Alkoholkranken helfen wollen, zur Behandlung motiviert zu werden? Letztlich bedeutet dies, daß

■ **Alkoholismus – Behandlung und Vorbeugung** ■

- möglichst alle Menschen im Umfeld des Alkoholkranken zusammenarbeiten müssen, dem Betroffenen nicht im üblichen Sinne, sondern *richtig* zu helfen (siehe Frage 108), damit sein »Leidensdruck« größer wird,
- der Alkoholkranke möglichst genau und umfassend über die unterschiedlichen Behandlungsmaßnahmen informiert wird, die ihn nach und nach das Vertrauen und die Überzeugung gewinnen lassen, daß eine Behandlung möglich und erfolgversprechend ist.

Finden die Angehörigen selbst durch ihre Kontakte zur Beratungsstelle, zum Therapeuten oder zur Selbsthilfegruppe allmählich zu diesem Vertrauen und dieser Überzeugung, erhält dies auch mit der Zeit (im Sinne von »Steter Tropfen höhlt den Stein!«) für den Alkoholkranken große Bedeutung in dem Prozeß, zur Behandlung motiviert zu sein.

70 Alkoholabstinenz oder kontrolliertes Trinken?

Alkoholabstinenz meint die völlige Enthaltsamkeit von alkoholischen Getränken und anderen Stoffen (z. B. Medikamenten) oder Nahrungsmitteln, die Alkohol enthalten. Für Alkoholkranke ist die Abstinenz eine Grundbedingung und deshalb das wichtigste Behandlungsziel. Nur auf dieser Grundlage machen alle weiteren Ziele wie Zufriedenheit und besseres Leben einen Sinn, ermöglicht die Krankheit Alkoholismus eine Chance!

Die Vorstellung, abstinent leben zu sollen, macht jedoch vielen Alkoholkranken Angst. Oft ist es weniger der Verzicht auf Alkohol, der schreckt, sondern vielmehr, daß der Alkoholkranke glaubt, seine Freunde, Bekannten und Verwandten würden von ihm als einem erwachsenen Menschen einen zumindest mäßigen Alkoholkonsum erwarten.

Erfahrungsgemäß wissen aber die meisten Menschen im Umfeld eines Alkoholkranken von dessen Krankheit und akzeptieren so-

Alkoholabstinenz oder kontrolliertes Trinken?

fort oder nach recht kurzer Zeit, daß der Betreffende keinen Alkohol mehr trinkt. Je konsequenter der Alkoholkranke sein Abstinenzziel verfolgt, desto eher und leichter respektiert sein Umfeld dieses Nicht-mehr-Alkohol-Trinken!

Im übrigen ist auch bei der erwachsenen Bevölkerung die Alkoholabstinenz gar nicht so selten, wie häufig geglaubt. Etwa fünf Prozent der erwachsenen Bevölkerung in Deutschland oder Österreich leben alkoholabstinent, d. h. in Deutschland ca. vier bis viereinhalb Millionen, in Österreich ca. 400 000 Menschen.

> **Wichtig**
>
> - Der Alkoholkranke kann nur dann von den Alkoholfolgekrankheiten gesunden (soweit überhaupt bei fortgeschrittenen Stadien eine Heilung möglich ist), wenn die Ursache dieser Krankheiten, nämlich der Alkohol, völlig ausgeschaltet bleibt.
> - Die psychische Abhängigkeit (siehe Frage 7) bleibt auch nach jahrelanger Abstinenz noch erhalten, d. h. wenn der Alkoholkranke wieder mit dem Trinken beginnt, kehrt er meist rasch zu seinem alten (»automatisierten«) Trinkstil zurück.

In den letzten Jahren wurde vor allem in manchen angloamerikanischen Ländern viel davon gesporchen, daß Alkoholkranke nicht mehr auf Dauer abstinent zu leben brauchten, d. h., daß sie lernen könnten, kontrolliert zu trinken, wie dies der Großteil der sog. Normalbevölkerung tut. Zur Begründung dieser Forderung wird u. a. darauf verwiesen, daß einige Alkoholkranke später tatsächlich ihren Alkoholkonsum kontrollieren konnten. Wenn man die bisher vorgelegten Forschungsergebnisse überblickt, so zeigt sich, daß nur ein sehr kleiner Teil von Alkoholkranken ein solches kontrolliertes Trinkverhalten aufweist.

Auch Befunde aus der Grundlagenforschung und aus Tierexperimenten zeigen, daß eine Rückkehr zu normalem Trinkverhalten nicht möglich ist, jedenfalls ab dem Moment, wenn der »point of no return« (»Kontrollverlust«) überschritten wird. Das Gehirn (»Suchtgedächtnis«) speichert entsprechende Erfahrungen sehr lange, wahrscheinlich sogar dauerhaft (siehe Frage 52).

Die meisten Alkoholkranken jedenfalls, die »kontrolliert« zu trinken versuchten, sind alsbald wieder rückfällig geworden. Außerdem ist es bisher völlig unmöglich, vorauszusagen, welche Alkoholkranke später das kontrollierte Trinken schaffen. Die Erfahrungen zeigen immer wieder, daß es für den Suchtkranken viel leichter möglich ist, auf das Mittel ganz zu verzichten, als den Konsum so zu steuern, daß Rückfälle sicher vermieden werden können! Ein einziger Rückfall kann aber bei einem Alkoholkranken unter Umständen. wieder alles zerstören, was er in Jahren neu aufgebaut hat. Aus diesen Gründen ist es derzeit in keiner Weise gerechtfertigt, »kontrolliertes Trinken« als Behandlungsziel zu empfehlen.

71 Worauf verzichtet ein Alkoholkranker wirklich, wenn er auf Alkohol verzichtet?

Obwohl auch viele erwachsene Menschen (in Deutschland und Österreich je ca. fünf Prozent) abstinent leben, also keinerlei alkoholische Getränke zu sich nehmen, ist für viele der Gedanke, keinen Alkohol mehr trinken zu dürfen, irgendwie unvorstellbar.

Alkohol ist ein Teil unseres Lebens, er gehört zu unserer Kultur. Und selbstverständlich braucht niemand auf Alkohol zu verzichten, solange er ihn mäßig und kontrolliert konsumiert. Diesen Menschen fällt es allerdings meist nicht schwer, alkoholische Getränke stehenzulassen, wenn es ihre Gesundheit oder irgendwelche Lebensumstände erfordern.

Viel schwerer fällt es demjenigen, auf Alkohol zu verzichten, der sich angewöhnt hat, unmäßig und unkontrolliert zu trinken, und deshalb massive Probleme bekommen hat, also dem Alkoholkranken (siehe Frage 3). Worauf verzichtet er wirklich, wenn er auf Alkohol verzichtet? Die Antwort ist oft: »Auf den guten Geschmack!« oder »Auf die gute Stimmung!« oder »...« Manchmal bleibt es auch einfach bei einem ratlosen Schulterzucken.

Überlegt man dann gemeinsam weiter, so wird mehr und mehr klar, worauf der Alkoholkranke wirklich verzichtet, wenn er auf Alkohol verzichtet: auf Minderwertigkeitsgefühle, auf existentielle und finanzielle Ängste, auf Ärger in Familie und Beruf, auf Schuld- und Schamgefühle, auf sexuelle Zurückweisung, auf Ausgrenzung durch Freunde und auf ..., also eigentlich auf alles, was an Folgen durch Alkohol entsteht bzw. entstanden ist (vgl. Alkoholfolgeschäden, siehe Fragen 20 bis 37)!

Ist es dann wirklich ein Verzicht, wenn der Betreffende keinen Alkohol mehr trinkt? Oder ist es nicht vielmehr ein unwahrscheinlich großer und umfassender Gewinn, den er erzielt, wenn er all diese genannten Folgen nicht mehr verspürt und eine Lebensqualität erzielt, die er vorher nicht gekannt hatte?

72 Was meint der Begriff »Behandlungskette«?

Der Begriff »Behandlungskette« (oder »Therapiekette«) beschreibt den Behandlungsablauf bei Alkohol- und anderen Suchtkranken. Er meint dabei die enge Verbindung verschiedener Behandlungsabschnitte (Behandlungsphasen), die wie Glieder einer Kette ineinandergreifen sollen. In der Praxis sind die einzelnen Phasen allerdings nicht immer eindeutig voneinander zu trennen.

> **Die 4 Behandlungsphasen der Behandlungskette:**
> 1. Kontakt- und Motivierungsphase (siehe Frage 74)
> 2. Entgiftungsphase (siehe Frage 75)
> 3. Entwöhnungsphase (siehe Frage 76)
> 4. Weiterbehandlungs- und Nachsorgephase (siehe Frage 77)

Alkoholismus – Behandlung und Vorbeugung

In jeder dieser Behandlungsphasen werden bestimmte Zwischenziele angestrebt (siehe Tab. 2, S. 103). Am Ende soll der Alkoholkranke das eigentliche Behandlungsziel erreicht haben, nämlich, eine körperlich und seelisch gesunde Persönlichkeit zu sein, die in sozialer Selbständigkeit zufrieden leben kann. Die Alkoholabstinenz ist dafür meist die Voraussetzung (siehe Frage 70).

73 Was meint der Begriff »Therapieverbund«?

Die Behandlung erstreckt sich im allgemeinen über mehrere Jahre. Sie erfolgt zum größten Teil, oft sogar ausschließlich, ambulant, d. h. also berufsbegleitend; verschiedentlich sind aber auch stationäre Behandlungsphasen nötig.

Die Behandlung kann nur selten von einem einzigen Therapeuten bzw. einer einzigen Einrichtung durchgeführt werden. Meist müssen mehrere Therapeuten unterschiedlicher Fachrichtung und mehrere Institutionen tätig werden. Man spricht dabei von einem Therapieverbund bzw. einem Therapienetz (siehe Tab. 2). Je besser die einzelnen Therapeuten (z. B. Ärzte, Psychologen, Sozialpädagogen) und Einrichtungen (z. B. Fachkliniken, Allgemeinkrankenhäuser, Kostenträger) in diesem Verbund zusammenarbeiten, desto besser sind auch die Voraussetzungen für den Alkoholkranken, einen guten Behandlungserfolg zu erzielen.

74 Was ist die Kontakt- und Motivierungsphase?

Eine der größten Schwierigkeiten ist die mangelnde Bereitschaft des Kranken zur Behandlung. Häufig kommt es nur unter äußerem Druck zur Therapie, weil z. B. der Arbeitgeber das Arbeitsverhältnis kündigen will oder die Ehefrau mit Scheidung droht. Der Alkoholkranke ist jedoch von sich aus (noch) nicht bereit und glaubt immer noch, er schaffe es selbst. Dennoch sollte er

Was meint der Begriff »Therapieverbund«?

● **Tab. 2: Der Therapieverbund.** Die fach- und sachgerechte Behandlung des Alkoholabhängigen erfordert in jeder Phase eine enge Zusammenarbeit zwischen den verschiedenen Therapieeinrichtungen

	Zielsetzung	Therapieeinrichtung	Dauer
Kontakt- und Motivierungsphase	– Diagnostik – Motivierung – Therapieplanung (in Absprache mit dem Patienten selbst, Ärzten, Kostenträgern, Arbeitgeber, Angehörigen usw.)	– Beratungsstelle – Arzt – Psychotherapeut	Wochen bis Monate
Entgiftungsphase	– ärztliche Behandlung der *körperlichen* Abhängigkeit	– Krankenhaus – Arzt	ca. 2–3 Wochen
Entwöhnungsphase	– psychotherapeutische Behandlung der *psychischen* Abhängigkeit	– Beratungsstelle – Psychotherapeut (ambulant) – Fachklinik (stationär)	ca. 2–6 Monate
Weiterbehandlungs- und Nachsorgephase	z. B. – Rückfallvorbeugung bzw. Hilfen bei Rückfällen – Hilfen bei individuellen Problemsituationen (siehe Frage 88)	– Beratungsstelle – Arzt, Psychotherapeut – Selbsthilfegruppen	mindestens ca. 6–12 Monate

Alkoholismus – Behandlung und Vorbeugung

weiterhin Kontakt halten mit der Einrichtung, die ihn betreut. Unter Umständen wird er durch Gespräche und Informationen oder durch den Kontakt mit anderen Alkoholkranken allmählich selbst die Notwendigkeit einer Therapie einsehen. Ihm bei der Entwicklung dieser Erkenntnisse zu helfen, ist das wichtigste Behandlungsziel in dieser Phase. Für die Kontaktphase sind eigene Informationsgruppen, zu denen auch der Partner kommen sollte, besonders geeignet.

Außerdem sollten in diesen ersten Wochen die sozialen Folgen (siehe Frage 33) des Alkoholismus abgeklärt und weitere Behandlungsmaßnahmen eingeleitet werden. Diese weiteren Maßnahmen bestehen in der Regel in der Einleitung der Entgiftungs- und Entwöhnungsbehandlung (siehe Fragen 75 und 76), die ambulant oder stationär erfolgen kann. Diese bringt mit sich: Kontaktaufnahme zu Behandlungsstellen (z. B. Fachklinik), Klärung der Kostenübernahme (siehe Frage 65), Vereinbarung mit dem Arbeitgeber, um den Arbeitsplatz zu sichern u. a. m.

75 Was ist die Entgiftungsphase?

Eine Entgiftungsphase des Alkoholkranken ist immer dann notwendig, wenn er seit längerer Zeit schon unter Alkohol gestanden hat und deshalb Entzugserscheinungen (siehe Frage 6) zu befürchten sind. Wenn die Entzugserscheinungen sehr stark sind, sollte die Entgiftung im Krankenhaus durchgeführt werden. Sie kann einige Tage bis einige Wochen dauern. Während dieser Zeit bekommt der Kranke Medikamente, mit denen die Entzugserscheinungen gedämpft und die körperlichen Alkoholfolgeschäden (siehe Frage 21) behandelt werden können. In leichteren Fällen kann die Entgiftung ohne Medikamente durchgeführt werden; sie kann dann auch ambulant geschehen, immer aber unter ärztlicher Überwachung. *Distraneurin* (Inhaltsstoff: Clomethiazol) ist ein häufig verwendetes Mittel zur Behandlung von stärkeren Entzugserscheinungen. Es wirkt sehr beruhigend und hat sich beim Alkoholismus in der Entgiftungsphase und insbesondere bei der Behandlung des Delirium tremens (siehe Frage 79) bewährt.

Gegenüber den früher angewandten Medikamenten konnte Distraneurin die Sterblichkeitsrate beim Delirium tremens beträchtlich senken. *Distraneurin* hat jedoch den großen Nachteil, daß es seinerseits zur Abhängigkeit führen kann. Es darf deshalb nie ohne ärztliche Verordnung und auch dann nicht länger als zehn Tage in vorgeschriebener Dosierung verabreicht werden.

In keinem Fall darf *Distraneurin* gleichzeitig mit Alkohol eingenommen werden (siehe Frage 39).

Die Behandlung der Entzugserscheinungen und der körperlichen Folgen des Alkoholismus ist sicher unbedingt notwendig, z. T. sogar lebensrettend. Meist fühlen sich Alkoholkranke nach körperlicher Entgiftung bzw. Behandlung der Alkoholfolgekrankheiten subjektiv recht wohl, auf jeden Fall viel besser als in der Zeit, als sie unter Alkohol standen. Es ist jedoch verkehrt, diese Patienten einfach nach Hause zu entlassen mit dem wohlmeinenden Rat, in der nächsten Zeit den Alkoholkonsum zu meiden; später könnten sie ja,»in Grenzen natürlich«, Alkohol wieder probieren. Wer einen solchen Rat gibt, verkennt die Probleme der Abhängigkeit, die mit der Entgiftung bzw. der körperlichen Behandlung in keiner Weise gelöst sind. Der Alkoholkranke braucht vielmehr eine anschließende intensive Entwöhnungsbehandlung; nur dadurch kann er lernen; mit seinen Problemen und den Verführungssituationen in seiner Umwelt fertig zu werden (siehe Frage 76).

76 Was ist die Entwöhnungsphase?

Das Ziel der Entwöhnungsphase ist es, die Abhängigkeit vom Alkohol zu beenden. Dazu ist es nötig, die Einstellung des Alkoholkranken zu ändern. Dies betrifft sein Verhältnis zu sich selbst und zu seinen Mitmenschen. Er muß lernen, seine Probleme zu erkennen und sie anders zu lösen, als er es bisher versucht hatte. Die Entwöhnungsbehandlung ist daher in erster Linie eine psychotherapeutische Behandlung (siehe Frage 82). Medikamente können dabei gelegentlich Hilfestellung geben (siehe Frage 78).

Die Entwöhnungsbehandlung erfolgt in der Regel stationär in einem Suchtfachkrankenhaus (siehe Frage 84). Unter bestimmten Voraussetzungen genügt auch eine ambulante Behandlung, z. B. in einer ambulanten Beratungs- und Behandlungsstelle (siehe Frage 86), oder eine Betreuung durch eine der Alkohol-Selbsthilfeorganisationen (siehe Frage 102).

77 Was ist die Weiterbehandlungs- und Nachsorgephase?

Trotz der großen Bedeutung, die der Weiterbehandlungs- und Nachsorgephase für eine erfolgreiche Behandlung Suchtkranker von vielen Fachleuten zugeschrieben wird, besteht heute noch kein einheitliches, strukturiertes Konzept. In den früheren Jahren wurden unter Nachsorge alle jene Aktivitäten und Maßnahmen verstanden, die von Alkohol-Selbsthilfeorganisationen (siehe Frage 102) geleistet wurden. Die tägliche Praxis hat aber gezeigt, daß die Unterstützung durch Selbsthilfeorganisationen oftmals nicht ausreichend ist, sondern zusätzlich konkrete soziale und/oder psychotherapeutische Maßnahmen notwendig werden. Deshalb hat der Verband ambulanter Beratungsstellen für Suchtkranke/Drogengefährdete (VABS) im Jahre 1988 folgende Definition vorgeschlagen: »Mit Nachsorge werden Hilfen und Maßnahmen innerhalb der Gesamtbehandlung Suchtkranker bezeichnet, die eine soziale und berufliche Wiedereingliederung unterstützen und zu suchtmittelfreier Lebensgestaltung führen. Diese Hilfen und Maßnahmen können begleitend oder nachfolgend zur ambulanten oder stationären Entwöhnungsbehandlung einsetzen. Sie sollen u. a. die dort erreichten Ergebnisse festigen und sichern.«

Nachsorge beinhaltet damit Hilfen im sozialen und psychotherapeutischen Bereich, die den individuellen Erfordernissen des Patienten entsprechend auch *begleitend* zur Behandlung eingesetzt und die von unterschiedlichen Institutionen bzw. in deren Zusammenarbeit durchgeführt werden können.

78 Gibt es eine »Pille« gegen Alkoholmißbrauch?

Ein Medikament alleine wird Alkoholismus nicht heilen können. Einige Substanzen können aber im Einzelfall helfen, die Rückfallrate zu senken. Es muß aber jeweils individuell mit dem behandelnden Arzt besprochen werden, ob eine solche Therapie sinnvoll ist.

Früher üblich war die Behandlung mit dem Medikament *Antabus* (Inhaltsstoff: Disulfiram), dessen Wirkung darin besteht, daß der Körper ein wichtiges Stoffwechselprodukt des Alkohols, nämlich Acetaldehyd nicht mehr richtig abbauen kann, wenn vorher *Antabus* genommen wurde. Es treten dann schwere Unverträglichkeitsreaktionen auf. Die üblichen Folgen sind Brechreiz, Schwindel, Atemnot und starkes Herzklopfen, teilweise sogar verbunden mit massiven Todesängsten. Wer *Antabus* nimmt und im Laufe der nächsten zwei bis drei Tage Alkohol trinkt, kann sein Leben gefährden. *Antabus* blockiert also das Alkoholtrinken. Aus all diesen Gründen darf *Antabus* nie ohne Wissen und ohne Einverständnis des Alkoholkranken verabreicht werden. Eine ausschließliche Behandlung mit *Antabus* ist aber unzureichend und muß durch psychotherapeutische Maßnahmen ergänzt werden.

Info

Antabus wird gewöhnlich mindestens mehrere Monate hindurch verabreicht. Es kann im Anschluß daran abgesetzt werden. In dieser Zeit soll der Kranke lernen, auch nach der Therapie abstinent zu leben.

Die Antabus-Einnahme muß täglich nach einem bestimmten »Ritus« erfolgen, am besten unter den Augen des Partners, aber ohne jeden Kommentar, gleichsam als »Selbstverständlichkeit«.

1996 ist in Deutschland und in den meisten anderen europäischen Ländern das Medikament *Campral* (Inhaltsstoff: Acamprosat) als Medikament zur Rückfallprophylaxe bei Alkoholismus eingeführt worden. Die Substanz hat in einer Reihe von klinischen Untersuchungen gezeigt, daß die Rückfallrate geringer war, wenn Patienten begleitend zu psychotherapeutischen Maßnahmen dieses Medikament einnahmen. Es soll bestimmte alkoholinduzierte Stoffwechselveränderungen im Zentralnervensystem beeinflussen und so die Rückfallgefährdung verringern. Anders als Antabus, führt es bei gleichzeitigem Konsum von Alkohol nicht zu Unverträglichkeitsreaktionen, und die Nebenwirkungen sind, wenn überhaupt, meist sehr mild (leichter Durchfall). Bei starker Rückfallgefährdung wird in der Regel eine Behandlung von sechs- bis zwölfmonatiger Dauer empfohlen. Es sei ausdrücklich betont, daß auch eine Therapie mit *Campral* ohne begleitende psycho- oder sozialtherapeutische Maßnahmen wirkungslos bleiben wird. Gerade bei Patienten mit starker Rückfallgefährdung und häufigen Rückfällen kann aber eine solche Behandlung eine zusätzliche Chance zur Abstinenz eröffnen. Ein Suchtpotential hat *Campral* nicht.

Wie *Antabus* ist auch *Campral* rezeptpflichtig, die Kosten werden in der Regel von der Krankenkasse erstattet.

Nicht in Deutschland, aber in Österreich ist ein weiteres Medikament, der Opioidantagonist *Nemexin* (Inhaltsstoff: Naltrexon) zur Behandlung der Alkoholabhängigkeit zugelassen worden. Naltrexon blockiert die Opioidrezeptoren im Gehirn und damit auch die euphorisierende, stimmungsaufhellende Wirkung von Alkohol. Auch hier kann es bei gleichzeitiger Einnahme von Alkohol nicht zu Vergiftungserscheinungen kommen, an Nebenwirkungen treten unter Naltrexon vor allem gastrointestinale Beschwerden z. B. Übelkeit auf. Das Medikament hat sich vor allem in Studien bewährt, in denen gleichzeitig eine Verhaltenstherapie durchgeführt wurde.

Die klinische Erfahrung zeigt, daß bei Alkoholabhängigen oft und meist ohne jeden Grund viele andere Psychopharmaka eingesetzt werden, häufig aus dem hilflosen Versuch heraus, dadurch etwas am Alkoholkonsum zu ändern. In den meisten Fällen ist die Behandlung mit Psychopharmaka nicht sehr hilfreich, vielfach sogar schädlich, zumal deren Wirkung bei gleichzeitiger Einnahme von Alkohol oftmals verstärkt werden kann und massive Nebenwirkungen zu erwarten sind. Gelegentlich kann einmal, vor allem bei Alkoholabhängigen mit starker Depressivität, eine Behandlung mit Antidepressiva notwendig werden, die aber gezielt zur Verbesserung der Depression, nicht zur Verbesserung des Trinkverhaltens eingesetzt werden sollten. Andere psychisch wirksame Medikamente sind nur dann indiziert, wenn außer der Alkoholabhängigkeit noch eine klare psychische Störung besteht.

79 Welche Medikamente helfen im Alkoholentzug?

Die Symptome des Alkoholentzugs, wie Zittern, Schwitzen, Unruhe, Schlafstörungen, können für den Alkoholkranken sehr unangenehm sein, jedoch bei ausreichender Betreuung und Pflege häufig ohne Medikamente bewältigt werden. Bei schwereren Entzugserscheinungen, insbesondere mit ausgeprägten Kreislaufstörungen, bei Patienten mit bekannter Neigung zu epileptischen Anfällen, bei Herz-Kreislauf-Erkrankungen oder bei einem drohenden Delir ist in jedem Fall eine medikamentöse Behandlung der Entzugserscheinungen notwendig. Während man leichtere Entzugssyndrome durchaus auch ambulant behandeln kann, wird bei schweren Entzugserscheinungen eine stationäre Behandlung notwendig.

Die beiden wichtigsten heute zur Behandlung des Alkoholentzugssyndroms eingesetzten Medikamente sind *Distraneurin* (Inhaltsstoff: Clomethiazol) sowie verschiedene Benzodiazepin-Präparate, z.B. *Valium* (Inhaltsstoff: Diazepam). Beide Substanzgruppen sind starke Schlaf- und Beruhigungsmittel, sogenannte Hypnotika. *Distraneurin* kann man (bei Schwerstkranken) sowohl als Infusion als auch als Kapsel bzw. in Tablettenform geben. Das Medikament ist im Alkoholentzug und Alkoholdelir hochwirksam, hat aber ein hohes Suchtpotential und sollte deswegen nicht ambulant gegeben werden. Immer wieder kommt es bei ambulanter Behandlung mit *Distraneurin* zu sekundären Suchtentwicklungen bei Alkoholkranken, die dann sozusagen auf dieses Medikament »umsteigen«. Bei sorgfältiger Handhabung in

■ **Alkoholismus – Behandlung und Vorbeugung** ■

der Klinik ist es aber ein sehr sicheres Medikament. Wichtige Nebenwirkungen sind eine vermehrte Absonderung von Bronchialschleim und (bei Überdosierung) die Gefahr von Herzstillständen oder Koma.

Ähnliches gilt für Benzodiazepine, die in der Medizin häufig als Schlaf- und Beruhigungsmittel sowie als angstlösende Medikamente eingesetzt werden. Vor allem Valium und einige andere Benzodiazepinpräparate haben sich in der Therapie des Alkoholentzugssyndroms und Alkoholdelirs bewährt, sie sind im Vergleich mit anderen Psychopharmaka sehr »sichere« Medikamente, d. h., daß auch relativ hohe Dosen vom Patienten in der Regel toleriert werden. Auch hier gilt: Eine Entzugsbehandlung mit Benzodiazepinen sollte im stationären Rahmen durchgeführt werden, da ansonsten Suchtentwicklungen drohen. Ähnlich wie beim *Distraneurin*, steigen viele Patienten von Alkohol häufig auf Beruhigungs- und Schlafmittel um und haben dann Doppel- und Mehrfachabhängigkeiten.

Neben den genannten Substanzen werden auch einige andere Medikamente zum Alkoholentzug eingesetzt, wie z. B. Blutdruckmittel oder Antiepileptika. Diese Medikamente gehören aber ebenfalls in die Hand des erfahrenen Arztes, da bei falscher Anwendung Vergiftungen drohen.

80 Welche Möglichkeiten der Entwöhnungsbehandlung gibt es?

Es werden vornehmlich zwei Behandlungsmöglichkeiten angeboten:

- medikamentöse Behandlung
- psychotherapeutische Behandlung

Diese beiden Formen können auch kombiniert werden.

Medikamentöse Behandlung

Eine Behandlung mit Medikamenten erfolgt meist nur zu dem Zweck, die körperlichen Alkoholfolgekrankheiten zu beheben. Eine Therapie des Alkoholismus selbst mit Medikamenten ist *nicht* möglich. Medikamente sind stets nur Hilfsmittel für die Behandlung des Alkoholismus (z. B. *Antabus*, siehe Frage 78).

Psychotherapeutische Behandlung

Die Psychotherapie ist das für die Entwöhnung entscheidende Verfahren. Es gibt verschiedene Formen der psychotherapeutischen Behandlung des Alkoholkranken. Welche Form schließlich gewählt wird, hängt einerseits ab vom Alkoholkranken selbst, den körperlichen, psychischen und sozialen Folgen seines Trinkens (siehe Frage 20), andererseits von der jeweiligen therapeutischen Einrichtung, bei der die Behandlung durchgeführt wird. Jede Institution hat unterschiedliche Erfahrungen mit den einzelnen Methoden. Wichtig ist vor allem, daß diese Verfahren intensiv und fachkundig angewandt werden.

Was ist Psychotherapie?

Es gibt nicht die *Psychotherapie*. Der Begriff »Psychotherapie« ist vielmehr eine Sammelbezeichnung für viele Methoden, mit denen ein Therapeut auf die seelischen Probleme eines Menschen einwirken kann.

So unterschiedlich die Psychotherapiemethoden selbst sein mögen, haben sie ein gemeinsames Ziel: Zielsetzung einer Psychotherapie ist es, dem Patienten Grundlagen entwickeln zu helfen, die ihm für seine Zukunft ein zufriedenes und selbstverantwortetes Leben ermöglichen.

Zur Durchführung einer erfolgreichen Psychotherapie ist es nötig,

- die Ausgangslage möglichst genau kennenzulernen,
- die individuellen Ziele des Patienten mit ihm gemeinsam zu erarbeiten,

- ihm zu helfen, sich für realistische Ziele zu entscheiden und sie in gangbare Schritte (Zwischenziele) aufzuteilen,
- ihm zu helfen, diese Zwischenziele aktiv anzusteuern, um schließlich die gesteckten realistischen Ziele erreichen zu können.

Insofern beschäftigt sich der Psychotherapeut mit Vergangenheit und Gegenwart des Patienten, mit seinen Handlungsweisen, seinen Wünschen und Zielen, mit erfolgreichen und gescheiterten Versuchen, diese Ziele zu erreichen, und mit neuen Möglichkeiten für eine befriedigende Lebensführung.

Der psychotherapeutische Prozeß erfordert eine enge und vertrauensvolle Zusammenarbeit zwischen Patient und Therapeut – und braucht Zeit. Im allgemeinen ist von einer Behandlungsdauer von mehreren Monaten bis zu ca. zwei Jahren auszugehen.

82 Was ist mit »Psychotherapie beim Alkoholkranken« (»Entwöhnungsbehandlung«) gemeint?

Seelische Probleme spielen beim Alkoholkranken eine wesentliche Rolle. Dabei ist es häufig gleichgültig, ob die seelischen Probleme Ursachen oder Folgen der Krankheit sind. In jedem Fall müssen sie psychotherapeutisch behandelt werden.

Wie es nicht *die Psychotherapie* gibt (siehe Frage 81), gibt es auch keine Psychotherapie speziell für Alkoholkranke. Die bei der psychotherapeutischen Behandlung Alkoholkranker angewandten Methoden unterscheiden sich kaum von denen bei anderen psychischen Störungen. Alkoholkranke psychotherapeutisch zu behandeln heißt nur, daß zusätzlich zu den psychotherapeutischen Methoden bestimmmte therapeutische Prinzipien und Voraussetzungen beachtet werden müssen, die vom Therapeuten ein besonderes Wissen und damit (sucht-)spezifische Weiterbildung erfordern. Zum Teil ergeben sich dadurch allerdings unterschiedliche Behandlungsansätze und -schwerpunkte.

■ **Wo wird die »Psychotherapie beim Alkoholkranken« durchgeführt?** ■

Die Überlegenheit der einen psychotherapeutischen Methode gegenüber einer anderen läßt sich in wissenschaftlichen Untersuchungen kaum nachweisen.

In der therapeutischen Praxis ist es ohnehin vielfach üblich, unterschiedliche Psychotherapiemethoden zu kombinieren, um für den einzelnen Patienten eine möglichst wirksame und umfassende Besserung seiner seelischen Probleme zu erreichen.

> **Info**
>
> Die bei Alkoholkranken am häufigsten angewandten psychotherapeutischen Verfahren sind: Verhaltenstherapie, Psychoanalyse, Gesprächspsychotherapie und Familien- oder Partnertherapie. Alle diese Methoden können in Einzelsitzungen und/oder in der Gruppe durchgeführt werden.

Die Therapie in der Gruppe hat sich als die wirksamste Behandlungsmethode für Alkoholkranke erwiesen. In der Gruppe kann der Alkoholkranke von seinen Erlebnissen und Leiden erzählen, ohne von den anderen abgewertet zu werden. Er entlastet sich dadurch von dem starken Druck, ganz allein mit seiner Problematik fertigwerden zu müssen. Außerdem erfährt er, daß andere die ganz ähnliche Probleme, Schwierigkeiten und Leiden durchgemacht haben wie er selbst. Seine Minderwertigkeitsgefühle werden dadurch weniger, er gewinnt an Selbstsicherheit. Die Gruppe kann ihm neue mitmenschliche Beziehungen eröffnen, die oft lebenslang aufrechterhalten werden.

83 Wo wird die »Psychotherapie beim Alkoholkranken« (»Entwöhnungsbehandlung«) durchgeführt?

Die Entwöhnungsbehandlung eines Alkoholkranken wird entweder ambulant in spezialisierten Beratungs- und Behandlungsstellen und in psychotherapeutischen Praxen oder stationär in

Alkoholismus – Behandlung und Vorbeugung

Suchtfachkrankenhäusern oder psychiatrischen Kliniken durchgeführt.

Der Vorteil der ambulanten Behandlung ist, daß der Kranke im Kreise seiner Familie verbleibt und weiter regelmäßig seine Arbeit verrichtet. Eine ambulante Entwöhnungsbehandlung ist jedoch an Voraussetzungen geknüpft, die mit dem Ausmaß der bisherigen Alkoholfolgeschäden zusammenhängen.

Voraussetzungen für guten Erfolg einer ambulanten Behandlung

- Der Patient muß den Rahmen der Behandlung einhalten können. Das setzt in der Regel eine gute Motivation, Zuverlässigkeit und ein gewisses Maß an Frustrationstoleranz voraus.
- Die körperlichen und/oder psychischen Schäden und Defizite des Patienten dürfen nicht zu groß sein.
- Der Patient muß unter den Behandlungsbedingungen abstinent bleiben können.
- Der Patient soll sozial noch ausreichend integriert sein.
- Es dürfen keine allzu großen Konflikte mit dem sozialen Umfeld vorliegen.
- Akute Selbst- und Fremdgefährdung müssen ausgeschlossen sein.
- Der Patient soll während seiner Behandlungszeit seiner üblichen beruflichen Tätigkeit nachgehen.
- Die Wege zur Behandlungsstelle dürfen nicht zu weit sein.

Treffen die genannten Voraussetzungen bei einem Alkoholkranken nicht zu, erscheint eine ambulante Entwöhnungsbehandlung nicht mehr möglich. Die Behandlung muß dann je nach Schwere der Krankheit und den regional vorhandenen Möglichkeiten in spezialisierten Kliniken für Alkoholkranke *(Suchtfachkliniken)*, in psychiatrischen Abteilungen der allgemeinen Krankenhäuser oder in psychiatrischen Universitätskliniken oder Landeskrankenhäusern stationär durchgeführt werden.

Wie wird die Entwöhnungsbehandlung in einem Suchtfachkrankenhaus durchgeführt?

Die Behandlung in einem Suchtfachkrankenhaus dauert gewöhnlich mehrere Monate. In dieser Zeit finden Gruppen- und Einzelgespräche statt, außerdem tägliche Arbeits- und Beschäftigungstherapien in den verschiedenen Werkstätten, die einem Suchtfachkrankenhaus meist direkt angegliedert sind. Oft werden physikalische Therapie (Bäder, Sport), Musik- und Entspannungstherapie durchgeführt. In der Regel werden auch die Angehörigen in die Behandlung mit einbezogen. Die Ehepartner oder nahe Bezugspersonen werden zu sogenannten Ehe- oder Partnerseminaren eingeladen und verbringen ein Wochenende oder eine ganze Woche lang am Ort der Fachklinik. In Gruppen- und Einzelsitzungen wird dabei versucht, Probleme zwischen den Partnern anzusprechen, zu klären und auszuräumen.

Die Fachkrankenhäuser unterscheiden sich durch die Dauer des Aufenthaltes in der Klinik (wenige Wochen bis sechs Monate) und durch das Angebot anderer bzw. zusätzlicher Behandlungsmethoden. Die Aufnahme in ein Suchtfachkrankenhaus bzw. in ein Nervenkrankenhaus mit einer Suchtfachabteilung erfolgt in der Regel über Psychologen oder Sozialarbeiter in Beratungsstellen, aber auch über Ärzte.

85 Welche Aufgaben haben ambulante Beratungs- und Behandlungsstellen?

Ambulante Beratungs- und Behandlungsstellen gibt es in allen größeren und in vielen mittleren und kleinen Städten. Ihre Träger sind häufig freie Wohlfahrtsverbände (z. B. Caritas, Diakonisches Werk) oder Alkohol-Selbsthilfegruppen (Blaues Kreuz, Kreuzbund u. ä.). Manchmal sind sie auch Gesundheitsämtern angegliedert.

Alkoholismus – Behandlung und Vorbeugung

Die Aufgaben dieser Beratungsstellen sind vielfältig. Im Vordergrund stehen aber die Beratung und Behandlung des Alkoholkranken. Damit ist gemeint: den Kranken über Grundbegriffe, Ursachen und Folgen von Alkoholismus und Therapiemöglichkeiten zu informieren, seine Motivation zur Behandlung zu wecken (siehe Frage 69) und Hilfestellung bei Anträgen für eine stationäre Behandlung zu geben.

In manchen Beratungsstellen werden die Kranken auch ambulant behandelt, sofern sie gut motiviert sind und ihr gesundheitlicher und sozialer Zustand dies gestattet. Im Rahmen dieses Aufgabenbereiches ist auch die in verschiedenen Fällen nötige Weiterbehandlung eines Alkoholkranken nach Entlassung aus der Klinik zu sehen.

Neben der Versorgung und Betreuung von Suchtkranken ist ein weiterer Aufgabenschwerpunkt für die Beratungsstellen ihre Mitarbeit bei der Vorbeugung gegen Suchtmittelmißbrauch. Durch Veranstaltungen in Schulen, Betrieben und anderen öffentlichen und gewerblichen Institutionen oder durch vielfältige Aktionen in der Öffentlichkeit versuchen die meisten Beratungsstellen, bei den Mitbürgern das Bewußtsein zu fördern, daß sich auch ohne Alkohol bzw. mit mäßigem Trinken das Leben ebenso angenehm oder vielleicht sogar besser gestalten läßt. Diese vorbeugende (präventive) Arbeit der Beratungsstellen erfolgt häufig auf regionaler und überregionaler Ebene im Verbund (»Suchtarbeitskreis«) mit anderen an der Suchtkrankenhilfe beteiligten Institutionen wie z. B. den Krankenkassen.

86 Wie wird eine ambulante Entwöhnungsbehandlung durchgeführt?

Die ambulante Entwöhnungsbehandlung wird gewöhnlich neben der beruflichen Tätigkeit des Alkoholkranken durchgeführt und deshalb meist in den späten Nachmittags- oder frühen Abendstunden. Die Therapie findet entweder als Einzel- oder als Gruppentherapie statt (siehe Frage 82).

▰▰▰ Welche Vor- und Nachteile haben Entwöhnungsbehandlungen? ▰▰

Im allgemeinen ist für die Therapie ein fester Zeitplan über Wochen oder Monate hinweg vorgesehen. Die ambulante Behandlung ist meist intensiv, der zeitliche Aufwand deshalb auch hoch. Gerade zu Behandlungsbeginn werden häufig mehrere Behandlungstermine pro Woche angesetzt, weil die Erfahrung zeigt, daß anfänglich häufigere Termine dem Alkoholkranken helfen, seine Abstinenz aufrechtzuerhalten.

Der Patient muß sich dazu verpflichten, nach Möglichkeit an allen Sitzungen teilzunehmen. Die Behandlungsbedingungen sind meist schriftlich im sog. *Behandlungsvertrag* geregelt.

Das Behandlungsziel unterscheidet sich nicht von jenem der stationären Behandlung, nämlich dem Alkoholkranken zu helfen, eine körperlich und seelisch gesunde Persönlichkeit zu werden, die in sozialer Selbständigkeit zufrieden leben kann (siehe Frage 66).

Auch bei der ambulanten Entwöhnungsbehandlung werden in vielen Fällen die Partner in die Therapie mit einbezogen (siehe Frage 94), um familiäre Probleme zu behandeln, die Folge oder sogar eine wichtige Ursache für die Krankheit sind (siehe Frage 54).

 ### Welche Vor- und Nachteile haben ambulante bzw. stationäre Entwöhnungsbehandlungen?

In Tab. 3 sind einige wichtige Gesichtspunkte zu den Vor- und Nachteilen von ambulanten und stationären Entwöhnungsbehandlungen aufgeführt. Bei der Betrachtung der einzelnen Punkte wird deutlich, daß man nicht sagen kann, die eine oder die andere Therapieform sei besser. Für die Entscheidung, ob ein Alkoholkranker stationär oder ambulant entwöhnt werden soll, muß man vielmehr vom einzelnen ausgehen und sich fragen, welche Behandlung in *diesem* Fall am ehesten erfolgversprechend erscheint. Dabei können noch viele andere Gesichtspunkte als die oben aufgeführten eine wichtige Rolle spielen.

● **Tab. 3: Vor- und Nachteile bei ambulanten und stationären Entwöhnungsbehandlungen**

	ambulant	stationär
Alkoholkontrolle	nur eingeschränkt möglich	weitgehend möglich
Konzentration auf Therapie	Therapie eigentlich »nebenher«	»totale therapeutische Atmosphäre«
weitere Berufsausübung	neben der Therapie möglich und erwünscht	neben der Therapie nicht möglich
berufliche Wiedereingliederung	meist nicht erforderlich	oft erforderlich
Verbleiben in der Familie	möglich	nur Besuche möglich
Kosten	relativ niedrige Kosten	relativ hohe Kosten

Warum ist psychotherapeutische Weiterbehandlung nötig?

Bei einem Teil der Alkoholkranken ist nach einer stationären Entwöhnungsbehandlung eine professionelle psychotherapeutische Weiterbehandlung angezeigt. Diese Weiterbehandlung wird vor allem an den Psychosozialen Beratungs- und Behandlungsstellen (Alkohol- und Drogenberatungsstellen) und von niedergelassenen Psychotherapeuten (vor allem Medizinern und Diplom-Psychologen) in einzel- und/oder gruppenpsychotherapeutischen Sitzungen durchgeführt. Dabei haben die Psychosozialen Beratungs- und Behandlungsstellen in den letzten Jahren besonderen Wert auf partner- und familientherapeutische Maßnahmen gelegt – sei es in wöchentlichen bis 14tägigen Sitzungen oder in Wochenendseminaren für mehrere Partner bzw. Familien unter spezifischem Einbezug der Kinder.

Warum ist psychotherapeutische Weiterbehandlung nötig?

> **Wesentliche Ziele der psychotherapeutischen Weiterbehandlung**
>
> - Festigung der in der Entwöhnungsbehandlung erworbenen Verhaltensweisen und Einstellungen unter Alltagsbedingungen
> - Festigung und Aufrechterhaltung der Motivation zur Abstinenz
> - Unterstützung in Krisenfällen
> - Förderung der Teilnahme an Selbsthilfegruppen
> - Verhinderung von Rückfällen bzw. Erlernen des Umgangs mit Rückfällen
> - Hilfen bei der Entwicklung positiven Selbstwertgefühls und persönlicher Identifikation
> - Unterstützung bei der Entwicklung neuer Werthaltungen z. B. der Frage nach dem Sinn des Lebens
> - Erlernen des Umgangs mit Scham- und Schuldgefühlen, die oft noch lange quälen, nachdem mit dem Trinken aufgehört wurde.

Insgesamt handelt es sich bei allen diesen Hilfen um allgemein übliche psychotherapeutische Methoden, wie sie auch bei nichtalkoholkranken Menschen, die psychische Probleme haben, üblich sind.

Nicht immer allerdings vollzieht sich der Übergang von der Entwöhnungsbehandlung zur psychotherapeutischen Weiterbehandlung ohne Probleme. Im Gegensatz zur ambulanten Entwöhnungsbehandlung, wo sich dieser Übergang häufig nur in einer schrittweisen Verringerung der Therapiesitzungen zeigt, führt der Übergang bei stationären Entwöhnungsmaßnahmen häufig zum Abbruch bzw. Nichtantritt der Weiterbehandlung.

Die Gründe dafür liegen zum einen in der manchmal nicht sehr gut funktionierenden Zusammenarbeit zwischen Suchtfachklinik und Beratungsstelle bzw. Therapeut am Wohnort, vornehmlich aber anscheinend darin, daß diejenigen, die sich mehrere Wochen oder sogar Monate in Therapie befunden haben, eine »Therapiepause« einlegen und »inneren Abstand« zu Behandlungsmaßnahmen gewinnen wollen. Sind dann mehrere Wochen oder gar Monate seit der Entlassung aus der Suchtfachklinik vergangen, getrauen sie sich oft nicht mehr, sich zu melden. Grundsätzlich gilt, daß Alkoholkranke, die im Verlauf der vorstationären Behandlung (Kontakt- und Motivierungsphase, siehe Frage 74) eine gute Beziehung zur Beratungsstelle bzw. zum Therapeuten entwickelt hatten, sich mit größerer Wahrscheinlichkeit in eine psychotherapeutische Weiterbehandlung begeben.

Ob eine ambulante psychotherapeutische Weiterbehandlung notwendig ist oder nicht, wird in der Regel von der Fachklinik in Zusammenarbeit mit dem Alkoholkranken geklärt. Die Notwendigkeit ergibt sich vornehmlich aus den beim Alkoholkranken zum Zeitpunkt der Entlassung noch vorhandenen Verhaltensdefiziten. In der Regel handelt es sich dabei um Problembereiche, die in der schützenden Umgebung einer Fachklinik, d. h. unbeeinträchtigt von den konkreten Alltagsproblemen, nur eingeschränkt in die Behandlung mit einbezogen werden konnten, wie z. B. Partner- oder sexuelle Schwierigkeiten. Eine ambulante psychotherapeutische Weiterbehandlung scheint auch dann indiziert, wenn der Alkoholkranke den Eindruck vermittelt, in seiner Persönlichkeitsentwicklung nicht gefestigt und in seiner Abstinenz nicht »eindeutig« zu sein, so daß die Aufrechterhaltung weiterer Suchtmittelabstinenz oder weiterer Alkoholabstinenz wenig wahrscheinlich ist.

89 Wie soll sich der Alkoholkranke nach einer Entwöhnungsbehandlung verhalten?

Vor allem in der ersten Zeit nach der Entlassung aus einer stationären Entwöhnungsbehandlung ist der Alkoholkranke noch stark gefährdet, wieder rückfällig zu werden (siehe Frage 91). Wichtigster Schritt ist es deshalb, noch vor, spätestens aber sofort nach der Entlassung zu einer der Selbsthilfeorganisationen (siehe Frage 103) oder Nachsorgegruppen persönlichen Kontakt aufzunehmen. In diesen Gruppen findet er bei seinem neuen Start in den Alltag Unterstützung und Zugang zu anderen Men-

Soll ein Alkoholkranker anderen seine Krankheit offenbaren?

schen. Hier kann er auch die Angst vor seinen Arbeitskollegen (»Was werden die wohl sagen?«) besprechen oder das Unsicherheitsgefühl diskutieren, wenn er an einem neuen Arbeitsplatz anfängt (»Ob ich das wohl schaffen werde?«). Am Beispiel anderer ehemaliger Alkoholkranker kann er lernen, wie solche Probleme zu bewältigen sind.

Und wie steht es mit dem Stammtisch, mit Gasthäusern, Festveranstaltungen usw.? Soll er sich in diese Gefahrenzonen begeben?

Dem Alkohol ist in unserer Gesellschaft nicht auszuweichen. Wenn der Alkoholkranke sich relativ gefestigt fühlt, dem Verlangen widerstehen zu können, sollte er deshalb nicht versuchen, vor diesen Situationen wegzulaufen. Sicherlich wird es jedoch in manchen Fällen besser sein, besonders gefährdende Veranstaltungen zu meiden. in Jedem Fall aber ist es für den Alkoholkranken wichtig, offen und eindeutig zu sagen, daß er keinen Alkohol trinken will. In der Regel ist es nicht sinnvoll, diese Ablehnung eingehend zu begründen, womöglich noch mit Ausreden (z. B. »wegen der Leber«).

90 Soll ein Alkoholkranker anderen seine Krankheit offenbaren?

Viele Alkoholkranke leben in der (meist falschen!) Vorstellung, andere Menschen in ihrem Umfeld, ob Angehörige, Arbeitskollegen oder engere Nachbarn, bemerken ihr Alkoholproblem nicht. Tatsache aber ist, daß viele Personen aus dem engeren Lebenskreis oft schon weit früher über die Alkoholproblematik Bescheid wissen. Die Gründe dafür liegen auf der Hand: Wer in erhöhtem Maße und/oder häufig zu viel Alkohol trinkt, fällt auf. Er fällt deshalb auf, weil er eben nicht »normal«, d. h. wie viele andere, trinkt, sondern eben mehr und/oder häufiger. Der Betroffene versucht, dies zu verstecken – und fällt gerade deshalb wieder auf. Denn warum sollte er sein Trinkverhalten »verstecken«? Doch nur, wenn er etwas verbergen will. Und auch das bemerken andere Menschen und machen sich daraus – und aus manchen anderen Beobachtungen – bald ihren Reim.

Alkoholismus – Behandlung und Vorbeugung

Klar ist deshalb: Der »nasse« Alkoholkranke braucht sich nicht zu offenbaren, weil zumindest in seinem alltäglichen näheren Umfeld (fast) alle bereits wissen, daß er ein Alkoholproblem hat! Und andere Menschen im weiteren Umfeld interessiert diese Problematik sowieso nicht ...

Schwieriger zu beantworten ist diese Frage für denjenigen, der mit dem Trinken aufgehört hat und jetzt abstinent lebt. Wem gegenüber soll er sich über sein (vergangenes) Problem offenbaren, wem nicht? Wie oben bereits geschildert, wissen die Menschen im näheren Umfeld sowieso Bescheid. Wie aber steht es z.B. mit einem neuen Arbeitgeber beim Einstellungsgespräch, wie mit neuen Bekanntschaften und neuen Freunden?

Um es deutlich zu sagen: Der abstinente (ehemals) Alkoholkranke ist *niemandem* gegenüber verpflichtet, auch rechtlich nicht, seine Abhängigkeitsproblematik zu offenbaren! Die Frage ist aber, ob es oft nicht viel leichter ist, schon im Vorstellungsgespräch seine abstinente Lebensform und deren Grund zu erwähnen. Zum einen nämlich wissen viele Arbeitgeber, daß abstinente (ehemalige) Alkoholkranke meist äußerst motivierte und fleißige Mitarbeiter sind, die deutlich weniger Krankheitstage pro Jahr aufweisen als – durchschnittlich gesehen – andere Mitarbeiter. Zum anderen braucht der Betroffene nicht ständig mit der Angst bzw. mit dem unguten Gefühl an die Arbeit zu gehen, der Chef könnte vielleicht von seiner Krankheit erfahren. Zum dritten kann beim Arbeitgeber später, wenn er es erfährt, nicht der Eindruck entstehen, ihm seien vom Betroffenen wichtige Informationen aus seiner Vorgeschichte vorenthalten worden. Viertens wird der Arbeitgeber bei irgendwelchen Firmenanlässen dafür sorgen, daß auch nichtalkoholische Getränke angeboten werden – ein Vorteil nicht nur für den Betroffenen.

Wie steht es aber mit neuen Bekanntschaften oder Freunden? Wann soll man denen gegenüber auf die eigene Krankheit und Vergangenheit zu sprechen kommen? Auch hier gilt: Kein (ehemals) Alkoholkranker ist anderen gegenüber zur Rechenschaft verpflichtet. Wenn aber die Bekanntschaft/Freundschaft enger wird, wird dem Bekannten/Freund die abstinente Lebenshaltung ebenso auffallen, wie anderen früher das häufige und viele Trinken aufgefallen ist (siehe oben). Wenn die Bekanntschaft/Freundschaft aber tatsächlich eng ist, ist in den meisten Fällen auch eine Vertrauensbasis gegeben, die es leicht macht, mit dem anderen über die Vergangenheit zu sprechen.

Ob der Betroffene dies tut oder nicht, bleibt aber nach wie vor *seine* Entscheidung. Auf keinen Fall sollte er in Ausreden ausweichen, z. B. er trinke nicht wegen seiner Leber, wegen seines Gewichts, wegen seines Führerscheins usw. Jedes Argument des Betroffenen fordert nämlich ein Gegenargument des anderen heraus, so daß sich der Alkoholkranke damit nur selbst in die Enge treibt. Dann ist es sicherlich besser, sein Nicht-Alkohol-Trinken *überhaupt nicht* zu begründen, sondern einfach nur zu sagen: »Ich trinke keinen Alkohol!« Wird diese Aussage vom anderen nicht sofort akzeptiert, sollte sie nochmals – diesesmal vielleicht eine Nuance lauter und eindeutiger – wiederholt werden. Die Erfahrung zeigt, daß von *wirklich* guten Bekannten oder Freunden dann auch nicht mehr nachgefragt wird.

91) Was ist ein Rückfall?

Als Rückfall (»Rezidiv«) bezeichnet man beim Alkoholismus den Wiederbeginn des Trinkens, obwohl der Alkoholkranke über kürzere oder längere Zeit hinweg keine alkoholischen Getränke mehr konsumiert, also abstinent gelebt hatte.

Ist aber Rückfall gleich Rückfall? Oder müssen wir Rückfälle unterschiedlich sehen und bewerten? Die Fachleute sind sich darüber nicht einig. Während für manche jeder erneute Alkoholkonsum als »Rückfall« gilt, unterscheiden andere zwischen einmaligem geringem Konsum (Ausrutscher, englisch: lapse) und Rückkehr zum früheren Konsumniveau (schwerer Rückfall, englisch: relapse). Unter letzterem wird ein Alkoholkonsum verstanden, der körperlich schädigende Mengen erreicht bzw. überschreitet (siehe Frage 21).

> **Rückfälle können recht unterschiedlich verlaufen**
>
> - In vielen Fällen gelingt dem Alkoholkranken anfangs ein nur mäßiges und gelegentliches Trinken, das er aber allmählich steigert – der Betroffene trinkt mehr und häufiger –, so daß er nach Tagen, Wochen oder Monaten wieder das frühere Konsumniveau erreicht.
> - In anderen Fällen wird sofort, sozusagen mit dem ersten Schluck Alkohol, wieder ein extremer Rückfall ausgelöst.
> - Manche Alkoholkranke trinken sehr selten und dabei auch sehr wenig Alkohol, belassen es bei diesem »Ausrutscher« und leben anschließend wieder über Monate oder gar Jahre hinweg abstinent.

Sicherlich müssen Rückfälle der letztgenannten Art anders bewertet werden als die übrigen. Letztlich ist ja nicht der Rückfall als solcher das Problem, sondern, welche Konsequenzen in körperlicher, psychischer oder sozialer Hinsicht aus diesem Rückfall erwachsen!

Dennoch wird man Rückfälle jeder Art als einen Fehler des Alkoholkranken bewerten müssen, einen Fehler allerdings, aus dem der Betreffende für sich wichtige Lehren ziehen sollte (siehe Frage 93).

Wie kommt es zum Rückfall?

Selbst im Verlauf einer Therapie oder nach deren Abschluß sind Rückfälle eigentlich »normale« Ereignisse. Das heißt jedoch nicht, daß der Alkoholkranke seiner Rückfälligkeit gleichgültig gegenüberstehen sollte, sondern nur, daß der Alkoholkranke und andere Menschen in seinem Umfeld immer damit rechnen muß bzw. müssen, daß ein Rückfall eintreten kann. Es ist deshalb sehr wichtig, daß alle Beteiligten darauf vorbereitet sind und wissen, wie sie mit dem Rückfall umgehen sollen (siehe Frage 93 und Frage 94).

Wie kommt es zum Rückfall?

Wie aber kommt es zum Rückfall? Ist er vielleicht sogar vorauszusehen? In den letzten Jahrzehnten haben sich viele Fachleute über diese Fragen Gedanken gemacht. Wir wissen heute, daß Rückfälle nicht durch ganz spezifische Situationen ausgelöst werden, sondern in der Regel mehrere Bedingungen zusammenkommen müssen, damit der Rückfall eintritt. So scheinen *unangenehme Gefühlszustände* (z. B. »Irgendwie geht's mir heute nicht gut ...«), *gefährdende äußere Situationen* (z. B. alleine zu Hause sein) und *nachlassende Wachsamkeit* bezüglich der Rückfallgefahr (z. B. »Mir kann das nicht passieren!«) eine wichtige Rolle zu spielen. Allerdings erleben wir manchmal auch Rückfälle in Situationen, wo es dem Betreffenden »richtig gut« geht, wo er sich also ausgesprochen wohl fühlt.

Gemeinsam ist aber allen Rückfällen, daß sie nicht erst »mit dem ersten Schluck Alkohol« beginnen, sondern sich bereits vorher im Denken abzeichnen: **Der Rückfall beginnt im Denken – schon lange vor dem Tun!**

Kein Alkoholkranker greift »zufällig« zum Glas und trinkt. Dazu hat sein Alkoholkonsum in seiner Vergangenheit schon zu oft zu viel zuvielen Problemen und schlimmen Konsequenzen geführt! Dem Trinken des Alkohols (»Tun«) gehen also bestimmte Gedanken voraus, die sich der Betreffende bewußt machen muß, wenn er Rückfällen vorbeugen will.

Die Bewußtmachung solcher Gedankengänge, aber auch die Herausarbeitung der spezifischen Krisenzeitpunkte und Rückfallbedingungen ist schwierig und kann nur in enger Zusammenarbeit des Alkoholkranken mit einem erfahrenen Therapeuten im Rahmen der Entwöhnungs- oder der Nachsorge- und Weiterbehandlungsphase (siehe Fragen 76 und 77) geschehen. Je mehr ein Alkoholkranker sein individuelles Gefährdungsmuster für Rückfälligkeit erkennt, desto eher und desto besser kann er auch einer Rückfallentwicklung entgegenarbeiten.

Die wichtigste Voraussetzung ist und bleibt aber dennoch, daß der Alkoholkranke an der klaren Überzeugung festhalten muß, daß er keinen Alkohol trinken will und trinken muß, um zufrieden leben zu können.

■ Alkoholismus – Behandlung und Vorbeugung ■

93 Rückfall bedeutet nicht »das Ende« – was aber ist zu tun?

Eine alte »Fußballer-Weisheit« lautet: »Nach dem Spiel ist vor dem Spiel.« Ähnlich sollte man den Rückfall bewerten: Er ist nicht das Ende allen Bemühens und damit der Untergang, er ist vielmehr ein Beginn, ein Wiederbeginn, und damit Anfang künftiger Abstinenz.

Wenn einmal »das Kind in den Brunnen gefallen« ist, so ist das zwar oft tragisch und nicht mehr zu ändern, aber dennoch ist die Situation bei weitem nicht so hoffnungslos, wie es anfangs oft scheint – und wie dies leider von vielen Betroffenen und Nichtbetroffenen beurteilt wird. Wenn der Alkoholkranke jetzt nämlich seine Hoffnung aufgibt, wird er weitertrinken – aus Verzweiflung unter Umständen noch mehr als früher. Kann er sich seinen Rückfall anfangs auch nicht erklären und ist der Meinung, »es ist einfach so über mich gekommen«, so gibt es für diesen Rückfall dennoch Gründe (siehe Frage 92). Diese »Auslösebedingungen« gilt es ebenso zu klären, wie die Gedanken und Erwartungen, die der Alkoholkranke mit seinem Trinken verbindet bzw. verbunden hat.

Nehmen Sie sich Zeit, und machen Sie sich über die folgenden Fragen Gedanken!

- Ich habe getrunken und – ganz klar –, ich habe einen Fehler gemacht. Bedeutet das aber wirklich, daß nun alles zu Ende ist und daß ich nie mehr die Kontrolle über mein Trinken gewinnen kann? Habe ich mir nicht schon bisher bewiesen, daß ich – sogar über längere Zeit hinweg – abstinent leben kann? Warum also soll mir das jetzt nicht wieder gelingen?
- Ich habe getrunken, und ich fühle mich schuldig, weil ich weiß, daß ich wider besseres Wissen gehandelt habe. Aber dieses schlechte Gewissen, das Gefühl der Schuld, wird sich bessern, vielleicht sogar verschwinden, wenn ich mir und anderen beweise, daß ich mit dem Trinken aufhören und wieder abstinent leben kann!

■ **Weshalb ist die Einbeziehung Angehöriger in die Therapie wichtig?** ■

- Woran lag es, daß ich getrunken habe? Welche Gründe haben eine Rolle gespielt? Was kann ich aus meinem Rückfall für die Zukunft lernen?
- Wie hätte ich mich anders verhalten können, damit es nicht zum Trinken gekommen wäre?
- Wer kann mir momentan helfen? Mit wem will/muß ich sprechen, um sicher zu gehen, daß ich nicht weitertrinke oder wieder mit dem Trinken anfange?

Nochmals: Ein Rückfall ist also nicht »das Ende«. Er ist vielmehr ein Anfang; aber ein Anfang für *aktives* Bemühen um erneute Abstinenz. Abstinent werden und abstinent bleiben kommt nicht »von selber«, sondern fordert den Betroffenen in seinem Denken und Handeln.

  Weshalb ist die Einbeziehung Angehöriger in die Therapie wichtig?

Alkoholabhängigkeit entwickelt sich nicht von einem Tag auf den anderen – und auch nicht innerhalb kurzer Dauer. Während dieser Zeit merken der/die Angehörigen mehr und mehr, daß Alkohol für den Betroffenen zu einem Problem wird bzw. geworden ist. Sie versuchen, ihn von seiner Suchtentwicklung abzubringen und ihn von seinem Suchtmittel fernzuhalten – und werden zwangsläufig als Gegner erlebt. Sie wollen dem Abhängigen ja das entziehen, was dieser meint, vor allem anderen zum Leben zu brauchen. So wird Helfen-Wollen zum ständigen Kampf. Auf Bitten, Appelle, Drohungen folgen Kränkungen, Versprechungen und Enttäuschungen. Fehlgeschlagene Hilfeversuche und dazu das Ringen um das Suchtmittel sind – fast immer – charakteristisch für die Beziehungen zwischen dem Abhängigen und den Menschen, die mit ihm zusammenleben und ihm helfen möchten. Hilflosigkeit auf beiden Seiten ist oft das Ergebnis: Der Abhängige sieht sich *machtlos* dem Suchtmittel ausgeliefert, die Angehörigen sind am Ende mit ihrer Kraft und ohne Hoffnung!

Alkoholismus – Behandlung und Vorbeugung

Das Wechselbad der Gefühle von Ratlosigkeit bis Verzweiflung, das oft dramatische Geschehen im Rausch, das Hin und Her zwischen Drohung und Vergebung, Hoffen und Bangen sowie die zunehmende Überforderung durch Pflichten und Aufgaben, die früher der Kranke selbst wahrgenommen hatte, stellen hohe Ansprüche an die Belastbarkeit der Angehörigen – und alle diese Erfahrungen der Vergangenheit kann man nicht »einfach vergessen« ...

Ist der Betroffene dann, z. B. nach einer Entwöhnungsbehandlung in einer Fachklinik, endlich alkoholabstinent und kommt zurück nach Hause, haben die Angehörigen zu all den genannten Spannungsgefühlen vielleicht etwas Distanz gewonnen, die Probleme aber sind nicht einfach »vom Tisch«! Wenn nicht schon im Verlaufe der Entwöhnungsbehandlung geschehen, müssen jetzt all diese Erfahrungen und Erlebnisse aufgearbeitet werden, um für die Zukunft eine tragfähige Partner- und Familienbeziehung zu schaffen und dadurch u. a. auch Alkoholrückfällen vorzubeugen. Dies kann aber nur geschehen, wenn die Angehörigen, v. a. der Lebenspartner, in die Therapie mit einbezogen werden bzw. wird. In offener Aussprache sollen dann die immer wiederkehrenden Gefühle von Mißtrauen, Angst und Ärger geklärt und gemeinsame Vorstellungen über das zukünftige Leben entwickelt werden. Äußerst wichtig ist, miteinander zu besprechen, was der Partner tun soll, wenn der Betroffene wieder rückfällig werden sollte. Aber auch andere Fragen, wie z. B. ob auch andere Familienmitglieder in Zukunft alkoholabstinent leben sollen, müssen diskutiert werden.

Die Einbeziehung Angehöriger ist aber auch deshalb wichtig, weil sich Angehörige, v. a. Ehegatten oder Eltern, dem Alkoholkranken gegenüber oft unwissentlich falsch verhalten und durch diese falschen Verhaltensweisen unter Umständen. sogar den Alkoholismus des Betroffenen unbewußt fördern (Co-Abhängigkeit, siehe Frage 95). Eine dauerhafte Alkoholabstinenz des Alkoholkranken kann in diesen Fällen nur erreicht werden, wenn auch der (die) Angehörige(n) in die Therapie mit einbezogen ist/sind und so die hinderlichen Beziehungsstrukturen erkannt und verändert werden können.

95 Was ist mit dem Begriff »Co-Abhängigkeit« (»Co-Alkoholiker«) gemeint?

In den letzten Jahren hat sich im Sprachgebrauch Betroffener, vor allem aber vieler Fachleute ein Begriff »eingeschlichen«, der von manchen anderen Fachleuten als nicht sehr glücklich angesehen wird, aber mittlerweile so etabliert ist, daß er nicht mehr veränderbar erscheint, nämlich der Begriff »Co-Abhängigkeit«. (Anm.: Anfänglich wurde der Begriff *Co-Alkoholiker* verwendet, der später jedoch zum jetzt allgemein gültigen Begriff »Co-Abhängiger« verändert wurde!) Was meint dieser Begriff?

Viele Angehörige wie Ehepartner, Eltern und Kinder, aber z. T. auch Arbeitskollegen, Vorgesetzte oder auch Ärzte und Therapeuten versuchen, dem Alkoholkranken zu helfen. Aber sie helfen oft falsch. Sie übernehmen Verantwortung für den Abhängigen, entschuldigen oder rechtfertigen sein Verhalten, nehmen ihm Belastungen ab, wollen ihn vom Alkohol abhalten, indem sie nach versteckten Alkoholika suchen, schnuppern beim Nachhausekommen am Abend, ob er getrunken hat oder nicht, wollen ihn also kontrollieren u. v. a. m. (siehe Fragen 110 bis 113).

So verständlich einerseits solche Verhaltensweisen sind, so wenig förderlich sind sie andererseits für die Behandlungsbereitschaft und den Behandlungserfolg des Alkoholkranken. Wie »richtige Hilfe« aussehen muß, wird in Frage 107 und in Frage 108 beantwortet.

Mit dem Begriff »Co-Abhängige« sind also alle jene Menschen im näheren und weiteren Umfeld des Alkoholkranken gemeint, die durch ihre unbewußt falschen Verhaltensweisen eher dazu beitragen, daß der Abhängige in seiner Krankheit verbleibt als daß er diese besiegt.

Warum empfinden manche Fachleute diesen Begriff als nicht sehr glücklich? Der Begriff »Co-Abhängiger« macht grundsätzlich auch den Angehörigen zum »Abhängigen« und so zu einem behandlungsbedürftigen Patienten. Damit sind nicht die (falschen) Verhaltensweisen in der *Beziehung* zwischen Angehörigem und

Kranken Gegenstand der Behandlung, sondern die *Person* des Angehörigen selbst. Daß auch der Angehörige manchmal einer Behandlung bedarf, ist unbestritten. Ein »Automatismus« aber könnte Ursache und Wirkung der Alkoholkrankheit verkehren, den Alkoholkranken seiner Verantwortung für sich selbst entheben und zu Schuldzuweisungen an die Angehörigen führen – alles Problemfelder, die der Bewältigung der Alkoholerkrankung durch den Betroffenen selbst wenig förderlich sind.

Was sollen die anderen tun?

Was sollen die anderen tun, wenn der Alkoholkranke nach der Entwöhnungsbehandlung in einer Suchtfachklinik nach Hause kommt? Da der Alkoholismus nicht nur eine Angelegenheit des einzelnen ist, sondern auch ein Problem der Bezugspersonen, besonders der Familie (siehe Frage 94), ist es sehr wichtig, wie sich diese ihm gegenüber verhalten.

In der Regel kann man davon ausgehen, daß der (ehemals) Alkoholkranke mit dem Willen zur Alkoholabstinenz und mit festen Plänen für eine Umgestaltung seiner Lebensführung heimkommt. Ob er diese Vorsätze verwirklichen bzw. durchhalten kann, hängt nicht zuletzt vom Verhalten der Umgebung ab. Angehörige, aber auch Arbeitskollegen, sollen die Alkoholprobleme des Betroffenen kennen und sich danach richten.

Die Erfahrung zeigt, daß Angehörige, Arbeitskollegen oder Stammtischfreunde sehr schnell akzeptieren, daß jemand keinen Alkohol mehr trinkt. Dennoch sei hier darauf hingewiesen, daß Versuche, ihn in irgendeiner Form wieder zum Alkoholtrinken zu verleiten, für den Betreffenden verhängnisvoll werden könnte. Zumindest taktlos wäre es, ihn bei jeder Gelegenheit mit spitzen Bemerkungen an seine Alkoholvergangenheit zu erinnern (z. B.: »Ach so, wir müssen ja wegen deines Trinkens auf dich Rücksicht nehmen!«).

Sehr wichtig ist es auch, den Betroffenen wieder voll, d. h. mit allen seinen früheren Rechten und Pflichten, in die Gemeinschaft aufzunehmen. Die Angehörigen sollen andererseits aber doch ein wachsames Auge auf den Betroffenen haben, vor allem auf sein Trinkverhalten. Wichtig ist es ferner, engen Kontakt mit der Beratungsstelle zu halten und – wenn nötig – den Betroffenen dringend zu bitten, die entsprechenden Veranstaltungen zu besuchen (siehe Frage 77).

 Was ist mit »sozialen Hilfen« (»Rehabilitation«) gemeint?

Alkoholismus führt, wie wir gesehen haben zu Schädigungen im sozialen Bereich. Unabhängig davon, ob diese Schäden Mitursache oder Folgen der Suchterkrankung darstellen – im Sinne einer ganzheitlichen und umfassenden Veränderung des Patienten müssen auch die Umfeldbedingungen, wie Beruf (siehe Frage 98), Schule (siehe Frage 99), Schuldensituation (siehe Frage 100), Wohnen usw., in die Behandlung mit einbezogen werden. Wie intensiv dies geschehen muß und wo die Schwerpunkte für den Einsatz sozialer Hilfen liegen, hängt ab von der individuellen Situation des Alkoholkranken. Viele Alkoholkranke wissen auch mit ihrer Freizeit wenig anzufangen und bedürfen deshalb auch hier spezifischer Hilfestellungen (siehe Frage 101).

 Welche Hilfen können im beruflichen Bereich gegeben werden?

Die Entlassung eines Alkoholkranken/Medikamentenabhängigen aus seinem bisherigen Arbeitsverhältnis ist eher ungünstig, wenn auch manchmal kaum zu vermeiden (siehe Frage 37). Wenn der Alkoholkranke einverstanden ist, sollte deshalb möglichst schon vor Beginn der Entwöhnungsbehandlung in einem Gespräch mit ihm, unter Umständen auch seiner Ehefrau, dem Arbeitgeber und dem Therapeuten, »ausgelotet« werden, unter welchen Bedingungen die Wieder- bzw. Weiterbeschäftigung erfolgen kann. Die Erfahrung zeigt, daß Arbeitgeber gerne zu sol-

Alkoholismus – Behandlung und Vorbeugung

chen Absprachen und Regelungen bereit sind, vor allem, wenn es bei dem Alkoholkranken um einen langjährigen Firmenangehörigen geht.

> **Wichtig**
>
> Kehrt ein Alkoholkranker nach seiner stationären Entwöhnungsbehandlung an seinen alten Arbeitsplatz zurück, sollte er am besten selbst mit seinen Kollegen und seinen direkten Vorgesetzten darüber reden, wie diese(r) sich ihm gegenüber hinsichtlich ihres (seines) eigenen Alkoholkonsums verhalten solle(n). Auch Gespräche über die vergangene Behandlung sollte der Betreffende *offensiv* führen und entsprechende Fragen beantworten.

Er begegnet damit seiner eigenen und der Unsicherheit seines Umfeldes und baut Vorurteile und Mythen ab (siehe Frage 1), die ihn selbst nur wieder verunsichern würden. In Rollenspielen lassen sich solche Gespräche gut einüben. Ist der Alkoholkranke aber entlassen und arbeitslos geworden, kann es nicht Aufgabe des Therapeuten sein, ihm eine Arbeitsstelle zu vermitteln. Er kann aber mit dem Patienten erarbeiten, wie dieser Beschäftigung finden, wo er sich bewerben und wie er in Bewerbungsunterlagen formulieren kann. Auch hier helfen Rollenspiele, die nötigen Bewerbungsgespräche zu trainieren. Dem Alkoholkranken wegen seiner Rückfallgefährdung an seinem Arbeitsplatz einen Berufswechsel mit entsprechender Umschulung zu empfehlen, mag zwar prinzipiell richtig sein, ist in seiner Umsetzung aber meist unrealistisch und charakterisiert oftmals nur die Hilflosigkeit des Therapeuten, mit dem Patienten zusammen Lösungswege zu finden, die für diesen gang- und damit auch akzeptierbar sind.

99 Welche Hilfen können im schulischen/Ausbildungsbereich gegeben werden?

Vor allem manche jüngere Alkoholabhängige haben entweder die Schule oder eine Ausbildung oder beides nicht abgeschlossen. In manchen Städten gibt es deshalb Schul- und Ausbildungsprogramme für ehemals Abhängige. So z. B. gibt es mehrere Schulen, die Suchtgefährdete oder ehemals suchtkranke Jugendliche und junge Erwachsene aufnehmen, die sich entschlossen haben, ihren schulischen Bildungsgang (unter Umständen bis hin zum Abitur) fortzusetzen. Neben der Schulausbildung sind dabei die soziale Wiedereingliederung und die Überwindung der psychischen Abhängigkeit (siehe Frage 7) weitere wichtige Ziele dieser Schulen.

Da solche Hilfen aber nur regional, insbesondere auf Großstädte bezogen sind, ergeben sich im Einzelfall v. a. in ländlichen Gegenden doch immer wieder Probleme, dem jugendlichen Abhängigen einen entsprechenden Ausbildungsplatz zu vermitteln. Enge Kontakte des Therapeuten zu den örtlichen Schulen und Absprachen mit Firmen, die bereit sind, einige Lehrstellen mit zum Teil gestuften Anforderungen hinsichtlich Arbeitszeit und Schwierigkeitsgrad anzubieten, können aber auch in solchen Regionen ausreichende Hilfen ermöglichen.

100 Welche Hilfen können im finanziellen Bereich gegeben werden?

Es hat sich gezeigt, daß viele Alkohol- und Medikamentenabhängige vor und nach ihrer Behandlung hohe Schulden als Folge von Verkehrsunfällen, Gerichts- und Rechtsanwaltskosten, Ehescheidungen usw. zu tilgen haben. Dazu kommen oftmals noch hohe Mieten, Arbeitslosigkeit und verführerische Kreditangebote, die mit ihren Zinsen die Abhängigen immer noch tiefer in Schulden treiben. Vielfach erwarten die Patienten in diesen Fällen finanzielle Hilfen von den Wohlfahrtsverbänden oder den kommunalen Behörden. Diese aber gewähren solche Hilfen prinzipiell nicht, weil damit keine Lösung der Problematik, sondern bestenfalls eine kurzfristige Überbrückungshilfe möglich wäre.

Insofern müssen auch hier mit dem Abhängigen Lösungsmöglichkeiten erarbeitet werden. In vielen Städten gibt es inzwischen städtische oder den Wohlfahrtsverbänden zugeordnete Schuldnerberatungsstellen, mit denen sich in entsprechenden Fällen zusammenarbeiten läßt.

101 Welche Hilfen können im Freizeitbereich gegeben werden?

Ein großes Problem stellt für viele Abhängige dar, ihre Freizeit sinnvoll zu gestalten. Sie sind deshalb besonders zu Zeiten rückfallgefährdet, in denen sie Gefühle von Langeweile und Einsamkeit befallen. Hinweise des Therapeuten auf geeignete Vereine zur Freizeitgestaltung oder zu Bildungsangeboten in der Volkshochschule u. ä. reichen meist nicht aus, weil sich beim Alkoholkranken mit der Teilnahme an solchen Veranstaltungen oft Ängste verbinden, die erst behandelt werden müssen. Weiterhin gilt es für den Therapeuten, zusammen mit dem Alkoholkranken dessen Interessen herauszuarbeiten (z. B. ihn zu fragen, was er früher gerne getan hat und was er schon immer gerne hätte tun wollen), diese Interessen in Aktivitäten umzusetzen und in Tages- und Wochenplänen zu integrieren. Für Suchtmittelabhängige eignen sich dabei oftmals Aktivitäten, die eher mit körperlichen Belastungen (z. B. Sport, Handwerken) einhergehen. Da manche Abhängige aber in vielen Verhaltensweisen zu exzessivem Handeln neigen, muß man aufpassen, daß der Abhängige sich zwar fordert, aber nicht überfordert.

102 Was sind Alkohol-Selbsthilfegruppen?

Im deutschsprachigen Raum gibt es viele Selbsthilfeorganisationen (siehe Frage 103), die zum Teil bereits seit Jahrzehnten daran arbeiten, ein dicht gespanntes Netz unterschiedlicher Gruppierungen für Betroffene und/oder Angehörige in den verschiedensten Regionen zu initiieren. Selbsthilfegruppen sind Zusammenschlüsse von »trockenen« und/oder »nicht trockenen« Alkoholkranken in einem Ort oder einer Stadt, die zwar meist unter dem Namen einer Selbsthilfeorganisation geführt werden, aber in der Regel unabhängig und eigenverantwortlich ihre Treffen vorbereiten und durchführen.

Die Zielsetzung aller Selbsthilfegruppen ist, dem Suchtgefährdeten/-kranken zu helfen und jedem weiteren Alkoholmißbrauch vorzubeugen. Die Selbsthilfegruppen verstehen sich also nicht nur als Helfer für »trockene« Suchtkranke nach Abschluß einer Entwöhnungsbehandlung, sondern bieten immer auch ihre Unterstützung an für denjenigen, der noch trinkt, aber aus seinem Trinkverhalten »aussteigen« will.

Insofern beinhalten die Aufgaben der Selbsthilfegruppen sowohl Hilfen für noch nicht »trockene« Abhängige (bis hin zur Vermittlung in Fachkrankenhäuser!) als auch Hilfen zur Aufrechterhaltung der Motivationsabstinenz nach einer Entwöhnungsbehandlung. Manche Selbsthilfegruppen gehen in ihrem Selbstverständnis weiter und kümmern sich noch um zusätzliche Aufgabenbereiche. Welche Aufgaben eine Selbsthilfegruppe tatsächlich übernimmt, ist einzig und allein von dem abhängig, was sie selbst leisten will bzw. kann und wie ihre Arbeit regional in die gesamte Suchtkrankenhilfe eingebunden ist. Manche Selbsthilfegruppen arbeiten dabei eng mit den örtlichen Fachberatungsdiensten zusammen, andere wieder überhaupt nicht.

> **Info**
>
> Selbsthilfegruppen orientieren sich meist an humanitär oder christlich ausgerichteten Handlungskonzepten, arbeiten also auf einer bestimmten ideologischen Basis. Insofern ist auch verständlich, warum sich manche Alkoholkranke in einer Gruppe wohler und in ihren Lebenseinstellungen und Werthaltungen verstanden fühlen, in anderen aber nicht.

> **Unser Tip**
>
> Der Abhängige sollte deshalb eigene Erfahrungen mit unterschiedlichen Selbsthilfegruppen machen, bevor er entscheidet, welcher Selbsthilfegruppe er sich anzuschließt.

(103) Welche Alkohol-Selbsthilfeorganisationen gibt es?

Selbsthilfeorganisationen haben sich zum Ziel gesetzt, Alkoholismus und auch andere Abhängigkeitserkrankungen zu bekämpfen. Es handelt sich bei ihnen um verschiedene Verbände, die voneinander unabhängig arbeiten. Ihre Mitarbeiter sind häufig ehemalige Alkoholkranke, aber auch wissenschaftlich ausgebildete Fachleute. Zum Teil unterhalten Selbsthilfeorganisationen auch ambulante Beratungs- und Behandlungsstellen (siehe Frage 85). Vornehmlich aber arbeiten sie daran, in verschiedenen Orten und Städten Selbsthilfegruppen (siehe Frage 102) aufzubauen, um für Hilfesuchende ein dichtes Netz von Anlaufstellen zu garantieren.

> **Info**
>
> Die bekanntesten Selbsthilfeorganisationen sind:
>
> Anonyme Alkoholiker, Blaues Kreuz, Freundeskreise, Guttempler-Orden und Kreuzbund. Ihre Beratungsstellen und Selbsthilfegruppen finden sich fast an jedem größeren Ort.

Welche Alkohol-Selbsthilfeorganisationen gibt es?

Die *Anonymen Alkoholiker (AA*, gegründet ca. 1930 in den USA) stellen einen Zusammenschluß von ehemaligen Alkoholkranken dar, die sich (ohne straffe Organisation) regelmäßig zu Gruppensitzungen (sog. Meetings) treffen. Die *AA* gingen von den USA aus und haben sich in den letzten Jahrzehnten über viele Länder verbreitet. Sie unterscheiden sich von anderen Gruppierungen dadurch, daß an ihren »Meetings« nur Personen teilnehmen dürfen, die eine »Trinkerkarriere« hinter sich haben. Die Erkenntnis, daß nicht nur der Betroffene, sondern auch sein Umfeld einer Hilfe bedarf, führte bei den *AA* zur Gründung eigener Angehörigengruppen, nämlich für Partner *(Al-Anon),* für Kinder *(Al-Ateen)* oder für die Familienmitglieder gemeinsam *(Fam-Anon).*

Das *Blaue Kreuz Deutschland (BKD,* gegründet 1877 in Genf) will auf bewußt christlicher Grundlage Suchtgefährdeten und ihren Angehörigen umfassend helfen sowie dem Mißbrauch von Alkohol entgegenwirken. Seine Angebote der vorbeugenden, beratenden und nachgehenden Suchtkrankenhilfe (Begegnungsgruppen, Vereine, Beratungsstellen usw.) sowie seine Einrichtungen (Fachkrankenhäuser, Rehabilitationsheime und ein Familien-Ferienheim) verstehen sich als Glieder einer Therapieverbunds.

Das *BKD* ist als selbständiger Fachverband Mitglied des Diakonischen Werkes und arbeitet überkonfessionell.

Der *Kreuzbund* (gegründet 1896 in Aachen) ist ein freier Zusammenschluß von Männern und Frauen, denen Selbsthilfe zuteil wurde und die aus eigener leidvoller Erfahrung heraus anderen zu helfen bereit sind. Er leistet Hilfe im Rahmen der Therapiekette: in der Behandlungsmotivation, in der begleitenden Hilfe während der ambulanten bzw. stationären Behandlung und ganz besonders im Bereich der Nachsorge durch seine Gruppenarbeit.

Schwerpunkte in der Arbeit des *Kreuzbundes* sind das Angebot persönlicher Hilfe für Suchtgefährdete und Suchtkranke und ihre Angehörigen, die sachliche Information über Hilfsmöglichkeiten, Hinführung zu Gruppenarbeit und sinnvoller Gestaltung des eigenen Lebensbereiches sowie der Aufbau tragfähiger Bindungen.

■ Alkoholismus – Behandlung und Vorbeugung ▬▬▬▬▬

Der *Guttempler Orden* (IOGT, gegründet 1851 in den USA, 1889 in Deutschland) ist eine Gemeinschaft von alkoholabstinent lebenden Menschen. Seit seiner Gründung unterstützt er Alkoholgefährdete, Alkoholkranke und deren Angehörigen. Er ist religiös-weltanschaulich unabhängig. Der Guttemplerorden sieht seine Aufgabe darin,

- durch bewußte alkoholfreie Lebenseinstellung des einzelnen zu verhindern, daß eine Abhängigkeit eintritt,
- Abhängigen aus ihrer Krankheit herauszuhelfen,
- Hilfestellung bei der Entwicklung der Persönlichkeit zu geben.

Kontaktadressen finden sich im Anhang (Seite 162).

104 Helfen betriebliche Disziplinarmaßnahmen dem alkoholkranken Mitarbeiter?

Mehr und mehr hat sich in den letzten Jahren in vielen Betrieben die Erkenntnis durchgesetzt, daß Alkoholprobleme der Mitarbeiter durch erhöhte Fehlzeiten, Arbeitsunfälle, Ausschußproduktionen u. ä. einen enormen Kostenfaktor darstellen. Andererseits ist zu bedenken, daß sich diese oft langjährigen Mitarbeiter in früheren Jahren als fleißig und loyal erwiesen und sich damit um den Betrieb oftmals sehr verdient gemacht haben. Weiterhin weiß man im Betrieb aufgrund positiver Erfahrungen vielleicht auch, daß fachgerechte Behandlung tatsächlich Erfolg verspricht und die vor der Behandlung überdurchschnittlichen Kosten *nach* der Behandlung oftmals weit unter den Durchschnitt absinken.

Auch in der Kosten-Nutzen-Relation »rentiert« es sich also für den Betrieb auf lange Sicht, dem betroffenen Mitarbeiter seinen Arbeitsplatz zu sichern, wenn er eine fachgerechte Behandlung in Anspruch nimmt.

Allerdings ist anfänglich die Motivation des Betroffenen meist nicht so ausgeprägt, daß er von sich aus eine Behandlung sucht. Im Gegenteil, er leugnet eher das Problem oder ist der Meinung, selbst damit fertig werden zu können.

Helfen betriebliche Disziplinarmaßnahmen dem Alkoholkranken?

Aus Untersuchungen bei Alkoholkranken ist uns aber bekannt, daß der Verlust des Arbeitsplatzes für einen Abhängigen oft ein noch größeres Problem darstellt als das mögliche Auseinanderbrechen seiner Familie. Man hat daher über die Erhaltung des Arbeitsplatzes eine gute Möglichkeit, den Alkoholkranken zu Therapiemaßnahmen zu motivieren. Wie kann sich der Betrieb dabei Schritt für Schritt verhalten?

Einem alkoholkranken Mitarbeiter zu helfen ist nur durch *gemeinsames* und *konsequentes* Handeln möglich.

Suchtprobleme können von niemandem alleine gelöst werden. *Gemeinsames* Handeln meint deshalb, daß nur in Zusammenarbeit der verschiedenen mit dem Alkoholkranken befaßten Betriebsvertreter (z. B. Personal-/Betriebsrat, Vorgesetzter, Kollegen, Vertrauensmann), der Fachleute (z. B. Betriebs- oder Hausarzt, Beratungsstelle) und der Angehörigen des Betroffenen auch eine gemeinsame Strategie enwickelt und durchgeführt werden kann, die dem Alkoholkranken hilft, seinen Weg zur Behandlung zu finden. Selbstverständlich wird man dem Abhängigen Verständnis und Hilfe anbieten; gleichzeitig ist es aber wichtig, ihm all jene Problemn und Schwierigkeiten vortragen zu dürfen, die sein Alkoholkonsum mit sich bringt. Disziplinarmaßnahmen sollten deshalb immer mit Hilfsangeboten gekoppelt werden. So entsteht ein positiv wirkender »konstruktiver Druck«, der den Betroffenen stärker mit den Fakten konfrontiert, die Auseinandersetzung mit sich selbst und damit seine Motivation fördert. Gleichzeitig müssen – abhängig von Person und Situation – im Gespräch mit dem Betroffenen Auflagen erarbeitet werden, die er tatsächlich auch erledigen kann, die ihn also weder über- noch unterfordern oder ihn in eine vielleicht ausweglose Situation bringen. Ausweglos wäre es z. B. für einen körperlich abhängigen Alkoholkranken (siehe Frage 6), wenn er »sofort« mit dem Trinken aufhören soll; dies könnte, wie wir wissen, sogar sein Leben gefährden.

Hilfreich kann deshalb nur ein Abkommen sein, das dem Betroffenen in einem gestuften Konzept *eindeutig* die Folgen seines Trinkverhaltens aufzeigt, aber auch die positiven Alternativen

Alkoholismus – Behandlung und Vorbeugung

bei einer Verhaltensänderung beschreibt. Dabei müssen der Vorgesetzte, der Betriebsrat, die Ehefrau usw. vor dem Abkommen sicher sein, daß bei einem Rückfall bzw. bei Nichterledigung die vereinbarten Auflagen die besprochenen Folgen auch konsequent in die Tat umgesetzt werden können (»zugewandte Konsequenz«). Den Betroffenen von Anfang an schwerste Konsequenzen (»Disziplinarmaßnahmen«) anzudrohen (z. B. Kündigung, Scheidung) ist deshalb meist falsch. Es wird dabei nicht bedacht, daß es keineswegs genügt, einen Abhängigen durch ein einmaliges Gespräch von seiner Sucht befreien zu wollen. Ihn zur Behandlung zu motivieren (siehe Frage 69) erfordert vielmehr oft langwieriges und geduldiges, dabei aber – wie gesagt – gemeinsames und konsequentes Handeln!

105 Wie kann man Alkoholismus vorbeugen?

In dieser Gesellschaft wäre es sicher ein unerreichbares Ziel, Alkohol ganz allgemein zu verbieten. Alkohol hat in unserer jahrtausendelangen Tradition einen so festen Platz eingenommen, daß sich für ein generelles Verbot in der Bevölkerung kein Verständnis gewinnen ließe. Außerdem zeigen viele Beispiele in anderen Ländern, daß ein Alkoholverbot keine Lösung des Problems »Alkoholismus« bedeutet. Wir müssen vielmehr mit dem Alkohol als Bestandteil unserer Kultur leben. Einem erhöhten Alkoholkonsum kann jedoch vorgebeugt werden:

- **durch eine Verminderung des Alkoholangebots:** Möglichkeiten dafür wären z. B. Erhöhung der Alkoholsteuer, Verbilligung alkoholfreier Getränke, Verbot des Alkoholverkaufs in Autobahnraststätten und Tankstellen, Alkoholverbot in den Betrieben während der Arbeitszeit, weniger Werbung für alkoholische Getränke;

- **durch bessere Informationen über Alkohol und Alkoholgefahren:** Möglichkeiten dafür wären z. B. verstärkte Information in privaten Betrieben und öffentlichen Organisationen (Polizei, Bundeswehr, Sportvereinen, Verwaltungen usw.) und eine »Alkoholerziehung« in den Schulen (etwa ähnlich wie Verkehrs- oder Sexualerziehung). Vor allem muß das Bewußtsein geweckt werden, daß Alkohol nicht mit anderen Genußmitteln wie Schokolade u. ä. verglichen werden kann;

● **durch Bekämpfung der sozialen und psychischen Ursachen des Alkoholismus:** Möglichkeiten dafür wären z. B. aktive Finanz- und Sachhilfe bei wirtschaftlich schlecht gestellten Familien, Förderung von Erziehungs-, Ehe-, Familien- und Lebensberatungsstellen; durch die Mithilfe von Zeitungen, Radio und Fernsehen könnte weiterhin die öffentliche Meinung abgebaut werden, derjenige sei ein »Mann«, der viel Alkohol trinke, und derjenige ein »Schwächling«, der nichts trinke. Vor allem ist aber die rechtzeitige und wirksame Behandlung von psychischen Störungen und zwischenmenschlichen Spannungen nötig, die oft zum Alkoholmißbrauch Veranlassung geben.

> **Wichtig**
>
> Je früher die Alkoholgefährdung erkannt und bekämpft wird, desto größer ist die Chance, ihr zu entrinnen!

 Was können speziell Betriebe vorbeugend tun?

Da die meisten Menschen einen Großteil ihres Lebens an einem Arbeitsplatz zubringen und dort auch spezifischen Trinkgewohnheiten (siehe Frage 55) ausgesetzt sind, kann ein Betrieb bei der Vorbeugung gegen Alkoholmißbrauch und Alkoholabhängigkeit eine große Rolle spielen.

Die Vorbeugung muß dabei auf verschiedenen Ebenen geschehen und über längere Zeit durchgeführt werden. So hat sich herausgestellt, daß Einzelaktionen (z. B. Aufklärungsvorträge) meistens nur recht geringen Erfolg haben. Es ist nämlich gar nicht leicht, seit Jahren eingeschliffenes Trinkverhalten und die positiven Einstellungen zum Alkohol, also das »Alkoholimage«, zu verändern. Insofern wäre es auch ein Irrtum, von solchen vereinzelten Aktionen kurzfristige Erfolge zu erwarten.

Viel besser ist es, in kleinen Schritten vorzubeugen. Ein erster Schritt könnte sein, den/die alkoholabstinenten Mitarbeiter zusammen mit anderen Interessierten zu einer Betriebsgruppe zusammenzufassen, die durch häufigere selbstorganisierte Aktionen die übrigen Mitarbeiter über Alkohol und damit verbundene Probleme informiert und aufklärt. Zu denken wäre hier an »konzertierte Aktionen« wie z. B. wiederholte Vorträge und Plakatveranstaltungen, um das bislang positive »Image« des starken Alkoholkonsumenten zu verändern, und an ständige Informationen durch Anschläge am Schwarzen Brett über Hilfe- und Beratungsmöglichkeiten.

Aus dieser Betriebsgruppe ließe sich ein Vertrauensmann benennen, der den Mitarbeitern sozusagen als »Anlaufstelle« zu bestimmten Zeiten für persönliche Gespräche zur Verfügung steht und entsprechend freigestellt wird.

Zugleich sollten innerhalb des Betriebs Zielgruppen auf den verschiedenen Ebenen der Betriebshierarchie bestimmt werden (z. B. Lehrlinge, Meister, Verwaltungsangestellte, Betriebsrat), die – unter Umständen auch durch externe Fachleute – über das Alkoholproblem informiert und für den Umgang mit alkoholauffälligen Kollegen geschult werden.

Alle diese Maßnahmen sollten dabei eingebettet sein in ein Präventivprogramm, das folgende Ziele umfaßt:

- Änderung der Trinkgewohnheiten im Betrieb, d. h. Trinkanlässe abbauen und z. B. Geburtstage u. ä. alkoholfrei feiern
- das Image alkoholfreier Getränke im Betrieb heben, d. h. alkoholfreie Getränke (auch »alkoholfreies« Bier!) zu niedrigen Preisen anbieten
- die Griffnähe alkoholischer Getränke vermindern, d. h. beispielsweise die Bierautomaten so plazieren, daß der ständige Zugang zu ihnen erschwert wird;

Was können speziell Betriebe vorbeugend tun?

- dem/den Vorgesetzten und den Betriebs-/Personalräten ihre Vorbildwirkung bewußt machen und sie in ihrem vernünftigen Umgang mit Alkohol stärken

Sollte sich ein Betrieb tatsächlich zu einem Alkohol*verbot* entschließen, ist es aber unbedingt erforderlich, daß dieses Verbot für *alle* im Betrieb Beschäftigten gilt, also auch für Betriebsräte und Vorgesetzte bzw. Chefs.

Praktische Ratschläge für Angehörige

107 Was heißt »richtig helfen«?

Wenn Angehörige eine Beratungsstelle aufsuchen, haben sie häufig schon über Jahre oder gar Jahrzehnte hinweg versucht, dem Betroffenen bei seinem Alkoholproblem zu helfen. Immer wieder aber haben sie Enttäuschungen erfahren, wurden belogen, oft sogar beschimpft. So entwickelte sich mehr und mehr die Meinung, dem Angehörigen sei überhaupt nicht zu helfen. Stimmt dies tatsächlich?

Offensichtlich waren jene Hilfestellungen, die die Angehörigen jeweils angeboten haben, erfolglos, waren also vielleicht »falsche« Hilfen. Was heißt dann aber »richtig helfen«?

So paradox es klingt, so schwierig es zu verstehen und häufig auch in die Tat umzusetzen ist: »richtig helfen« heißt (fast) immer _nicht_ helfen!

Wie läßt sich eine solche Haltung begründen?

Ob Familie, Arbeitsgruppe im Betrieb oder andere Gemeinschaften – sie alle stellen irgendwie ein System von sozialen Beziehungen dar, das nur dann gleichgewichtig und ungestört bleibt, wenn alle »an einem Strick ziehen«, also sich so verhalten, daß einer dem anderen möglichst selten unangenehm auffällt und ihn möglichst wenig belastet. Arg belastet ist ein solches System natürlich durch einen Alkoholkranken. Ob nämlich Angehörige oder Mitarbeiter – man hat (fast) täglich die Folgen (z. B. Streit, finanzielle Probleme, Arbeitszeitausfall) auszuhalten, die das häufige Trinken mit sich bringt (siehe Frage 23).

Wie aber ist es zu dieser Situation gekommen? Solange der Betroffene vielleicht witzig, fleißig oder zugänglich war, wurde er – oft gerade wegen dieser Wesenszüge – von allen geschätzt und geachtet. Störend wurde er für Familie, Betrieb und Gesellschaft eigentlich erst, als die genannten unangenehmen Folgen seines Trinkens zu spüren waren. Allerdings hatte ihn sein Umfeld in seinem Trinken auch unterstützt: Vorgesetzte hatten Urlaubsmeldungen geschrieben, wenn er angetrunken zum Dienst erschien, die Ehefrau hatte ihn wegen »Erkältung« entschuldigt, wenn er »blau« zu Hause im Bett lag und nicht arbeiten konnte. Familie, Vorgesetzte und Freunde hatten auf diese Weise eine Art Beschützerrolle übernommen, dem Betroffenen damit aber die Verantwortung abgenommen. Die Folge: sinkendes Selbstwertgefühl des Alkoholkranken – und damit ein Grund zum weiteren Trinken, was wiederum die Beschützerrolle des Umfelds verstärkte. Da also der Betroffene keine konkreten Konsequenzen seines Alkoholkonsums verspürt, brauchte er auch sein Verhalten nicht zu ändern. Fünf, zehn, 15 Jahre und länger wiederholt sich das gleiche Spiel!

Fazit

Erst, wenn das Umfeld **nicht** mehr hilft, den Betroffenen gegenüber Freunden, Vorgesetzten usw. nicht mehr entschuldigt und ihn damit die Konsequenzen seines Trinkens deutlich erleben läßt, ist der Betroffene gezwungen, selbst etwas für seine Gesundung zu tun.

Ist deshalb Nicht-Hilfe gleichbedeutend mit Nichts-Tun? Nein, keineswegs (siehe Frage 108).

108 Ist Nicht-Hilfe gleichbedeutend mit Nichts-Tun?

Dem Alkoholkranken richtig zu helfen heißt häufig, ihm *nicht* zu helfen. Nicht-Hilfe bedeutet aber keinesfalls Nichts-Tun! Im Gegenteil, der »neue Weg der Hilfe« erfordert Konsequenz und Kraft, denn die Hoffnung auf schnelle Erfolge wird sich nicht erfüllen ...

Wie kann dieser »neue Weg der Hilfe« aussehen?

Praktische Ratschläge für Angehörige

Die folgenden 7 Punkte sollen für diesen Weg als Marksteine gelten:

❶ *Aufhören, sich selber zu belügen*
Die Abhängigkeit des Betroffenen ist kein böser Spuk, der irgendwann von selbst verschwindet. Sie ist vielmehr eine Tatsache, mit der sich jeder Angehörige auseinandersetzen, aber keinesfalls abfinden muß.

❷ *Den Krankheitswert der Abhängigkeit erkennen*
Alkoholismus ist eine Krankheit. Der Alkoholkranke ist deshalb weder willensschwach noch lieblos oder gar bösartig. Aber er zeigt Verhaltensweisen, mit denen schwer zurechtzukommen ist. Diese Verhaltensweisen muß er verändern, um ein weiteres Zusammenleben möglich zu machen. Dazu benötigt er Hilfe!
Dieses Wissen um seine Hilfsbedürftigkeit muß dem Alkoholkranken deutlich werden. Vorwürfe hingegen machen keinen Sinn.

❸ *Die eigenen Ängste überwinden*
Die vielleicht schwierigsten Hindernisse, die es auf dem neuen Weg der Hilfe zur Seite zu räumen gilt, sind die eigenen Ängste. Die Angst vor dem Verlust des Arbeitsplatzes, vor Verkehrsunfällen und deren Folgen, vor dem, was die Nachbarn sagen, u. ä. hindert an konsequentem und richtigem Helfen. Diese Ängste müssen überwunden werden – am besten mit sozialer und therapeutischer Unterstützung, die sich Angehörige bei Fachleuten und/oder in Selbsthilfegruppen holen können.

❹ *Verantwortung für das eigene Leben übernehmen*
Angehörige haben sich oft über Jahre hinweg auf die Alkoholproblematik des Betroffenen konzentriert – und dabei die Entfaltung ihrer eigenen Interessen weitgehend vernachlässigt. In dem Bemühen, ihm zu helfen, machten sie sich selber hilflos (siehe Frage 94). Für alles Leid und alle Freudlosigkeit der vergangenen Jahre wurde oft (im stillen) der Alkoholkranke verantwortlich gemacht. Diese Haltung aber führt zu nichts, wie die vergangenen Jahre deutlich genug gezeigt haben!

Ist Nicht-Hilfe gleichbedeutend mit Nichts-Tun?

Die Menschen im Umfeld des Alkoholkranken müssen deshalb beginnen, ihr Leben wieder selber zu gestalten, ihre Interessen und Bedürfnisse zu leben und sich damit wieder stärker und freier zu fühlen.

❺ *Den Alkoholkranken als eigenständige Person sehen*
Wer Verantwortung für sein eigenes Leben übernimmt, gibt dem Alkoholkranken seine Verantwortung für sein Leben wieder zurück. Er ist für seine Handlungen verantwortlich! Damit kann sich auch der Alkoholkranke selbst wieder freier und unabhängiger fühlen.

❻ *Aufhören mit dem Helfen*
Der Alkoholkranke soll alle Dinge selbst erledigen, die er erledigen kann. Erst dann wird er feststellen, daß seine Leistungsfähigkeit eingeschränkt, sein Leben durch Alkohol schwierig geworden ist. So wird es ihm nicht gelingen, seine Krankheit nach außen hin ständig zu verdecken. So wird er auch die Konsequenzen seines Trinkverhaltens stärker verspüren, und damit wird er bereiter werden für fachlich qualifizierte Hilfen.

❼ *Konsequent bleiben*
Angekündigte Konsequenzen müssen durchgezogen werden. Es nützt nichts, im Gegenteil, es schadet nur, Konsequenzen anzudrohen (z.B. »Ich lasse mich scheiden!« – ohne dies eigentlich zu wollen), sie dann aber doch nicht in die Tat umsetzen. Der Alkoholkranke merkt sehr schnell, was er ernst zu nehmen hat und was nicht.
Vielleicht wird er versuchen, »den Spieß umzudrehen«, und seinerseits mit Trennung oder Selbstmord drohen. Möglich auch, daß er Versprechungen macht, die er dann doch nicht einhält. Vieles davon wird die Angehörigen ängstigen.
Aber Angst macht Sie erpreßbar! Deshalb sollten Sie sich daran erinnern, daß der Alkoholkranke für seine Handlungen selbst verantwortlich ist (siehe oben). Dann nämlich wird der Betroffene gezwungen sein, selbst etwas für seine Gesundung zu tun.

109 Welche Anzeichen deuten auf Alkoholabhängigkeit hin?

Im folgenden sollen systematisch einige Punkte aufgeführt werden, die den Verdacht auf eine Alkoholkrankheit rechtfertigen:

- Zittern der Hände
- Gedächtnislücken
- Schlafstörungen und Alpträume
- morgendlicher Brechreiz
- versteckte Alkoholvorräte und heimliches Trinken
- Trinken zur Entspannung

Die positive Beantwortung einer oder zweier Fragen genügt nicht für den Verdacht auf Alkoholmißbrauch. Je mehr Fragen bejaht werden, desto größer wird der Verdacht.

Hinweis darauf, ob jemand alkoholkrank ist, gibt auch der »Kurzfragebogen für Alkoholgefährdete (KFA)« (siehe Frage 158).

110 Was soll man tun, wenn der Partner Alkoholkranker ist?

Man sollte

- zuerst einmal sich selbst über das Wesen der Alkoholkrankheit informieren;
- akzeptieren, daß es sich bei Alkoholismus tatsächlich um eine Krankheit handelt und nicht um einen bloßen Charakterfehler;
- den eigenen Standpunkt klar bestimmen, Zusammenhänge begreifen lernen und auch im eigenen und im Interesse der Kinder konsequent handeln;
- sich positiv und verständnisvoll auf den kranken Partner einstellen, ohne ihn nach eigenen Vorstellungen ändern zu wollen;
- die sozialen Folgen des Trinkens (z. B. durch Entschuldigung beim Arbeitgeber und bei Verwandten) nicht dauernd vertuschen wollen;

▬▬▬ **Was soll man nicht tun, wenn der Partner Alkoholkranker ist?** ▬

- nicht selber den Mut verlieren, selbst wenn man nicht alles richtig macht;
- sich sachverständige Hilfe z. B. bei einer ambulanten Beratungsstelle (siehe Frage 85) suchen;
- eventuelle Maßnahmen genau überlegen, klar planen und auch konsequent durchführen;
- den eigenen Alkohol- (und Medikamenten-)Konsum überdenken;
- an einer Selbsthilfegruppe für Angehörige von Alkoholkranken teilnehmen (z. B. an den Gruppentreffen der AL-Anon [siehe Frage 102]).

111 Was soll man nicht tun, wenn der Partner Alkoholkranker ist?

Keinen Sinn hat es,

- dem Partner zu zeigen, daß man sich selbst für einen besseren Menschen hält, und die Schuld beim anderen suchen;
- Drohungen zu äußern, die man nicht ausführt oder nicht ausführen kann;
- Vorwürfe (»Gardinenpredigten«) zu machen und herumzunörgeln;
- sog. Hausmittel verabreichen, z. B. irgendwelche Medikamente;
- Flaschen zu verstecken oder auszugießen;
- zu versuchen, alle Schwierigkeiten zu beheben (z. B. Schulden zu bezahlen), in die sich der alkoholkranke Partner gebracht hat (weil man so verhindert, daß der Partner aus diesen Schwierigkeiten lernt und Konsequenzen zieht);
- das Problem immer nur für sich zu behalten, statt sachverständige Hilfe aufzusuchen;
- mit dem Partner ernsthaft über Probleme sprechen zu wollen, solange er angetrunken ist.

Was soll man nicht tun, wenn der Partner versucht, mit dem Trinken aufzuhören?

Keinen Sinn hat es,

- dies rechthaberisch oder triumphierend als eigenen Erfolg darzustellen (»endlich hast du auf mich gehört!«);
- sofort mit einem 100prozentigen Erfolg zu rechnen;
- eifersüchtig zu sein auf die Institution oder auf die Menschen, die sich der Partner zur Behandlung aussucht;
- der Abstinenz ständig mißtrauisch zu begegnen;
- den Partner allzu ängstlich vom Alkohol fernhalten zu wollen und keine Veranstaltungen zu besuchen, auf denen andere Alkohol trinken;
- unnötige Vorwürfe über die Vergangenheit zu machen;
- sich selber zu betrinken oder Tabletten ohne ärztliche Verordnung einzunehmen;
- dem Partner statt Alkohol Medikamente zu geben;
- mit ihm allzu behutsam und vorsichtig umzugehen;
- den Partner in Versuchung zu führen.

 Was soll man tun, wenn der Partner verspricht, mit dem Trinken aufzuhören?

Man sollte

- dem Partner nach und nach wieder Verantwortung übertragen;
- Anteil nehmen an dem, was den Partner interessiert;
- die Hobbys des Partners unterstützen;
- eine angenehme häusliche Atmosphäre schaffen;
- versuchen, ihn in eine Behandlung zu bringen;
- ihn auch stärken in Verhaltensweisen, die nicht direkt mit dem Vorsatz zu tun haben, das Trinken sein zu lassen.

Anhang

114 Welche allgemeinen Voraussetzungen gelten für die Wiedererteilung der Fahrerlaubnis nach Führerscheinentzug wegen Trunkenheitsfahrten?

Bundesrepublik Deutschland

Süchtige werden generell als kraftfahruntauglich angesehen. Dies gilt auch für Alkoholkranke. Diesbezüglich folgen die meisten Gutachter den Leitlinien im sog. Gutachten »Krankheit und Kraftverkehr« vom Bundesverkehrsministerium. Unter bestimmten Umständen kann jedoch die Fahrerlaubnis, die durch richterliches Urteil entzogen wurde, wieder erteilt werden.

> **Voraussetzungen für eine Wiedererteilung der Fahrerlaubnis**
> - eine mehrmonatige Entwöhnungsbehandlung
> - relativ günstige soziale Vorgeschichte
> - bisherige Fahrpraxis ohne grobe Entgleisungen
> - Grundpersönlichkeit, die die Fahreignung nicht ausschließt
> - kontrollierte Abstinenz über mindestens sechs Monate, besser ein bis zwei Jahre
> - Krankheitseinsicht

Österreich

In Österreich wird der Entzug der Lenkerberechtigung nicht vom Gericht, sondern von der Verwaltungsbehörde ausgesprochen. Für die Wiedererlangung gelten im wesentlichen die gleichen Kriterien wie bei der Ausstellung. Insbesondere müssen

Verkehrszulässigkeit sowie die geistige und körperliche Eignung gegeben sein. Der Führerschein wird von der Verwaltungsbehörde üblicherweise erst nach der zweiten Trunkenheitsfahrt entzogen, vorausgesetzt, die erste war weder mit Sach- noch mit Personenschäden verbunden. Wurde der Führerschein entzogen, muß ein Antrag an die Verwaltungsbehörde gestellt werden, die ein amtsärztliches Gutachten oder eventuell ein Gutachten von einer anderen Stelle (wie z.B. dem Kuratorium für Verkehrssicherheit) einholt und je nach den entsprechenden Vorschlägen dieses Gutachtens dem Bewerber die Auflage erteilt, sich z.B. einer Entwöhnungsbehandlung (siehe Frage 80) oder einer zusätzlichen Schulung für den vernünftigen Umgang mit Alkohol im Straßenverkehr (»driver-improvement«) zu unterziehen. Der Führerschein wird üblicherweise nur befristet rückerteilt, d.h., es wird eine Probezeit gesetzt, in der sich der Bewerber zu bewähren hat.

Bei Vorliegen von Trunksucht oder auch anderen Süchten wird die geistige und körperliche Gesundheit ausgeschlossen. Hat sich eine geistig gesunde Person einmal in stationärer Behandlung in einer Trinkerheilanstalt oder einer Entwöhnungsanstalt befunden, so darf sie nur dann als zum Lenken von Fahrzeugen geistig und körperlich gesund angesehen werden, wenn durch ein ärztliches Gutachten das »Freisein von Trunksucht« bestätigt wird und die Möglichkeit von Rückfällen ausgeschlossen ist.

Schweiz

In der Schweiz ist der Entzug des Führerscheins eine verkehrspolitische Maßnahme, aber keine Strafe. Die Dauer des Entzugs ist je nach Umständen festzusetzen, sie beträgt jedoch mindestens zwei Monate. Wenn der Täter innerhalb von fünf Jahren seit Ablauf des früheren Entzugs wieder in angetrunkenem Zustand am Steuer erwischt wurde, wird ihm der Führerschein für mindestens ein Jahr entzogen.

115 Darf der Alkoholkranke mit Alkohol zubereitete Speisen essen?

Grundsätzlich kann kein Mensch einem anderen, ob alkoholkrank oder nicht, vorschreiben, was er essen muß bzw. nicht essen darf. Wenn also ein Alkoholkranker mit Alkohol zubereitete Speisen essen will, wird ihn daran niemand hindern können. Hindern kann sich lediglich er selbst, indem er einfach darauf verzichtet.

Sicher wird es manchmal vorkommen, daß ein jetzt abstinenter (ehemals) Alkoholkranker Speisen oder Soßen kostet, ohne zu wissen, daß diese mit Alkohol zubereitet wurden – rückfällig ist er deshalb nicht. Auch verdampft der Alkohol in Speisen bei ca. 80 Grad Celsius, und so kann sich keine ausgeprägte Alkoholwirkung einstellen.

Häufig machen sich aber Alkoholkranke keinerlei Gedanken darüber, ob irgendwelche Speisen Alkoholzusätze beinhalten, und essen kritiklos. Im Gespräch vermitteln sie dabei den Eindruck, ihr kritikloses Eßverhalten stelle einen mehr oder minder bewußten Versuch dar, auszuprobieren, ob sie nicht doch ein wenig Alkohol zu sich nehmen könnten, ohne gleich exzessiv rückfällig zu werden. Letztlich bedeutet dieses Verhalten, daß sie nicht abstinent leben, sondern eigentlich Alkohol konsumieren wollen, sich aber (noch nicht) getrauen, dies in der früher üblichen Form zu tun. Daß damit der Rückfall programmiert sein dürfte, ist klar.

In jedem Fall ist all jenen, die Angst vor einem Rückfall empfinden, wenn sie mit Alkohol zubereitete Speisen essen, dringend vom Genuß solcher Speisen abzuraten.

116 Ist »alkoholfreies« Bier für den Alkoholkranken gefährlich?

»Alkoholfreie« Biere sind bereits seit mehr als einem Jahrzehnt im Handel erhältlich. Es handelt sich dabei um *echtes* Bier, d. h., daß es auch im Herstellungsverfahren weitestgehend dem »normalen« Bier entspricht.

Ist »alkoholfreies« Bier aber tatsächlich alkoholfrei? Strenggenommen: Nein! In der Bundesrepublik Deutschland gelten Biere dann als »alkoholfrei«, wenn sie nicht mehr als 0,5 Volumprozent Alkoholgehalt haben – im Gegensatz zum »normalen« Bier, welches ca. vier bis sieben Volumprozent reinen Alkohol beinhaltet. Das bedeutet also, daß man mindestens acht bis zehn Flaschen »alkoholfreies« Bier trinken muß, um denselben Blutalkoholspiegel zu erreichen wie mit einer Flasche »normalem« Bier – nicht eingerechnet die Tatsache, daß im Verlauf der Trinkzeit der Alkohol im Blut ständig abgebaut wird (siehe Frage 119). Folglich ist es nicht möglich, sich mit »alkoholfreiem« Bier zu betrinken. Übrigens ähnliche Mengen Alkohol (weniger als 0,5 Volumprozent) kommen auch in vielen Lebensmitteln (z. B. Fruchtsäften) vor.

Für die Allgemeinheit ist das »alkoholfreie« Bier ein sicher hervorragendes und auch völlig unbedenkliches Getränk, vor allem hinsichtlich der Fahrtauglichkeit im Straßenverkehr. Es stellt somit eine wirkliche Alternative dar zum »normalen« höherprozentigen alkoholhaltigen Bier.

Bedenken, »alkoholfreies« Bier zu trinken, bestehen allenfalls bei (ehemals) Alkoholabhängigen aus psychologischen Gründen. Da sich »alkoholfreies« Bier in Geschmack, Geruch und Farbe von höherprozentigem alkoholhaltigem Bier kaum unterscheidet, könnte es sein, daß ein jetzt abstinenter Alkoholabhängiger durch das »alkoholfreie« Bier wieder »auf den Geschmack« kommt und erneut zum höherprozentigen alkoholhaltigen Bier greift. Im Vordergrund steht für diesen Abhängigen allerdings bestimmt, daß er durch das höherprozentig alkoholhaltige Bier Alkohol*wirkung* erzielen will (siehe Frage 45). Seinen Rückfall versucht er vor sich selbst und vor anderen aber damit zu rechtfertigen, daß ihm das »alkoholfreie« Bier nicht schmecke und er wieder einmal »richtiges« Bier trinken wolle.

117 Wie hoch ist der Alkohol- und Kaloriengehalt von alkoholischen Getränken?

Aus Tab. 4 ist z. B. zu berechnen, daß in einem Liter Bier (vier Prozent Alkoholanteil) ebensoviel Alkohol enthalten ist wie in fünf kleinen Schnäpsen (vierzig Prozent Alkoholanteil), nämlich insgesamt 40 Milliliter reiner Alkohol.

● **Tab. 4: Kalorien- und Alkoholgehalt verschiedener alkoholischer Getränke**

Getränk	kcal/l (kJ) (1 kcal = 4,2 kJ)	Alkoholgehalt in Vol.-% (= ml/100 ml)
Bier	300–500 (1 300–2 100)	3,5–7,0*
Tafelwein	600–1 200 (2 500–5 000)	8,0–12,0
Likör	schwankend je nach Zuckergehalt	30,0–50,0
Branntwein (Brandy)	2 450–2 800 (10 300–11 800)	40,0–50,0
Whisky	2 500 (10 300)	40,0–55,0
Rum	2 450 (13 100)	45,0
Sekt	800 (3 360)	12,0–14,0
Portwein	ca. 1 630 (6 850)	15,0
1 ml (Vol.-%) = 0,8 g Alkohol		

* Starkbier evtl. mehr; sog. Malzbier und »alkoholfreies« Bier sind nicht völlig alkoholfrei (alkoholfreies Bier maximal 0,5 Vol.-%, siehe Frage 154).

118 Wovon hängt die Geschwindigkeit der Alkoholaufnahme ins Blut ab?

Die Geschwindigkeit der Alkoholaufnahme ins Blut (»Resorption«) hängt von verschiedenen Faktoren ab:

- Trinkweise (langsam, schnell, »überstürzt«)
- Art des Getränkes (kohlensäurefreies oder kohlensäurehaltiges Getränk, hoher oder niedriger Alkoholgehalt)
- Füllungsstand des Magens (Trinken auf nüchternen Magen oder während der Mahlzeiten)

Die größte Konzentration von Alkohol im Blut wird ca. 60–90 Minuten nach dem Genuß einer bestimmten Alkoholmenge erreicht. Wesentlich schneller jedoch kommt es zur Alkoholkonzentration im Blut bei Magenoperierten.

119 Wie wird Alkohol im Körper abgebaut?

Der Abbau des Alkohols im Körper beginnt sofort nach dem Genuß von alkoholischen Getränken. Nur relativ geringe Mengen des getrunkenen Alkohols werden unverändert durch die Nieren, durch die Lungen oder durch die Haut ausgeschieden; der größte Teil (ca. 90 Prozent) muß von der Leber verarbeitet werden. Dies bedeutet natürlich, daß die Leber vor allen anderen Organen durch den Alkoholmißbrauch gefährdet ist. In einer Stunde werden ca. 0,1 Promille Alkohol abgebaut. Das heißt also, daß bei einem Angetrunkenen mit ein bis eineinhalb Promille Alkohol im Blut mehr als zehn Stunden notwendig sind, bis sich kein Alkohol mehr im Blut findet.

120 Welche Möglichkeiten gibt es zur Bestimmung des Blutalkoholspiegels?

Zum Nachweis der getrunkenen Menge Alkohol finden verschiedene Methoden Anwendung:

Nachweis des Alkoholspiegels im Blut
Dies ist die sicherste und genaueste Methode, den Alkoholspiegel festzustellen. Dazu muß vom Arzt eine Blutprobe entnommen werden. Die Bestimmung des Blutalkoholspiegels (BAS) geschieht durch verschiedene Methoden, die sich in ihrer Genauigkeit nur geringfügig unterscheiden (Widmark-Methode, ADH-Methode, Gas-Chromatographie).

Nachweis des Alkoholgehalts in der Ausatmungsluft
(Der Alkoholgehalt der Ausatmungsluft steht in enger Beziehung zum BAS). Bei diesem Verfahren muß der Angetrunkene in ein Röhrchen blasen, in dem eine Schicht Kristalle aus bestimmten chemischen Stoffen eingelagert ist. Färben sich diese Kristalle grün, so kann anhand einer vorgegebenen Markierung der BAS geschätzt werden. Diese Methode ist jedoch weniger genau als die Bestimmung des Alkoholgehalts im Blut.

In neuerer Zeit wurden für diesen Zweck auch Geräte entwickelt, die auf verschiedenen chemisch-physikalischen Prinzipien beruhen, z. B. Infrarot-Absorption. Sie sind zuverlässiger als die Alkotest-Röhrchen, aber für gutachterliche Zwecke noch zu ungenau.

Anhang

121 Kurzfragebogen für Alkoholgefährdete (KFA)

	Frage	ja	nein
1.	Leiden Sie in der letzten Zeit häufiger an Zittern der Hände?	☒	☐
2.	Leiden Sie in der letzten Zeit häufiger an einem Würgegefühl (Brechreiz), besonders morgens?	☐	☒
3.	Werden das Zittern und der morgendliche Brechreiz besser, wenn Sie etwas Alkohol trinken?	☐	☒
4.	Leiden Sie in der letzten Zeit an starker Nervosität?	☐	☒
5.	Haben Sie in Zeiten erhöhten Alkoholkonsums weniger gegessen?	☐	☒
6.	Hatten Sie in der letzten Zeit öfter Schlafstörungen oder Alpträume?	☐	☒
7.	Fühlen Sie sich ohne Alkohol gespannt und unruhig?	☐	☒
8.	Haben Sie nach den ersten Gläsern ein unwiderstehliches Verlangen, weiterzutrinken?	☒	☐
9.	Leiden Sie an Gedächtnislücken nach starkem Trinken?	☒	☐
10.	Vertragen Sie zur Zeit weniger Alkohol als früher?	☒	☐
11.	Haben Sie nach dem Trinken schon einmal Gewissensbisse (Schuldgefühle) empfunden?	☒	☐
12.	Haben Sie ein Trinksystem versucht, z. B. nicht vor bestimmten Zeiten zu trinken?	☒	☐
13.	Bringt Ihr Beruf Alkoholtrinken mit sich?	☒	☐
14.	Hat man Ihnen an einer Arbeitsstelle schon einmal Vorhaltungen wegen Ihres Alkoholtrinkens gemacht?	☐	☒
15.	Sind Sie weniger tüchtig, seitdem Sie trinken?	☐	☒

Kurzfragebogen für Alkoholgefährdete (KFA)

		ja	nein
16.	Trinken Sie gerne und regelmäßg ein Gläschen Alkohol, wenn Sie alleine sind?	☒	☐
17.	Haben Sie einen Kreis von Freunden und Bekannten, in dem viel getrunken wird?	☒	☐
18.	Fühlen Sie sich sicherer, selbstbewußter, wenn Sie Alkohol getrunken haben?	☒	☐
19.	Haben Sie zu Hause oder im Betrieb einen kleinen versteckten Vorrat mit alkoholischen Getränken?	☐	☒
20.	Trinken Sie Alkohol, um Streßsituationen besser bewältigen zu können oder um Ärger und Sorgen zu vergessen?	☒	☐
21.	Sind Sie oder/und Ihre Familie schon einmal wegen Ihres Trinkens in finanzielle Schwierigkeiten geraten?	☐	☒
22.	Sind Sie schon einmal wegen Fahrens unter Alkoholeinfluß mit der Polizei in Konflikt gekommen?	☐	☒

Auswertung

Jede mit »Ja« beantwortete Frage erhält einen Punkt, die Fragen 3, 7, 8, 14 erhalten 4 Punkte.

Bei einer Gesamtpunktzahl von 6 und mehr liegt zumindest eine Alkoholgefährdung vor.

Nachwort

Die letzte Auflage dieses Buches erschien 1989. Schon dieser große zeitliche Abstand zwang zu einer erheblichen Überarbeitung fast aller Kapitel und vereinzelt auch zu Erweiterungen. Der Autorenkreis wurde um Herrn PD Dr. Michael Soyka von der Psychiatrischen Klinik der Universität München erweitert, der insbesondere zu den biologischen Grundlagen und den medizinischen Behandlungsmöglichkeiten von Alkoholismus Beiträge geliefert hat, zwei Bereiche, die in den letzten Jahren erheblichen Veränderungen unterworfen waren. Umfangreiche Ergänzungen haben die anderen Fragen zur Behandlung erfahren. Aber auch die rechtlichen Konsequenzen beim Alkoholismus und viele andere Themenbereiche haben sich geändert und mußten entsprechend überarbeitet werden. Die Autoren hoffen damit einerseits, den wissenschaftlich-praktischen Entwicklungen in der Suchtforschung und Suchttherapie der letzten Jahre ausreichend Rechnung getragen zu haben, andererseits aber auch, daß das Buch, das sich ja primär an Betroffene wendet, trotzdem verständlich, gut lesbar und vor allem hilfreich bleiben wird.

Sowohl die wissenschaftlichen Grundlagen der Alkoholismusforschung als auch die Ergebnisse zu Folgeschäden und Therapie wurden in den letzten Jahren erheblich erweitert. Es ist schwierig, alle Aspekte in einem vom Umfang her von vornherein beschränkten Buch anzusprechen. Deswegen finden sich im Anhang einige weiterführende Buchverweise, auf die der interessierte Leser/die interssierte Leserin zugreifen mag.

Unser besonderer Dank gilt Frau Kyra Dimopoulos, Sekretärin an der Psychiatrischen Klinik der Universität München, sowie Frau Susanne Auberger, Sekretärin in der Praxis für Psychotherapie (Dipl.-Psych. F. Dittmar, Passau) für die Anfertigung und Überarbeitung des Manuskriptes sowie dem Verlag, der dem erweiterten Autorenkreis jene Freiräume eingeräumt hat, die notwendig sind, um ein solches Buch schreiben zu können.

Michael Soyka   Franz Dittmar   Wilhelm Feuerlein

Weiterführende Literatur

Wissenschaftliche Literatur

Feuerlein, W., H. Küfner, M. Soyka: Alkoholismus – Mißbrauch und Abhängigkeit, Thieme-Verlag Stuttgart 1998 (5. Aufl.)

Soyka, M.: Alkoholismus – eine Krankheit und ihre Therapie, Wissenschaftliche Verlagsgesellschaft, Stuttgart 1997

Soyka, M.: Drogen- und Medikamentenabhängigkeit. Wissenschaftliche Verlagsgesellschaft, Stuttgart 1998

Fachzeitschriften

Suchtmedizin in Forschung und Praxis, Eco-Med-Verlagsgesellschaft. ISSN 1430-8681 (ab 6/99)

Sucht – Zeitschrift für Wissenschaft und Praxis, Hrsg.: Deutsche Hauptstelle gegen die Suchtgefahren (DHS) und Deutsche Gesellschaft für Suchtforschung und Suchttherapie (DG-Sucht), ISSN 0939-5911

Literatur zu speziellen Themen

Neueste Zahlen und Informationen
Jahrbuch Sucht. Hrsg.: Deutsche Hauptstelle gegen die Suchtgefahren – DHS (Hrsg.), Neuland-Verlag, Geesthacht (erscheint jährlich)

Alkoholkrankheit und Zukunft
Küfner, H.: Die Zeit danach – Chancen und Entwicklungsmöglichkeiten für Betroffene nach Entwöhnungsbehandlung und Selbsthilfegruppen. Schneider-Verlag, Hohengehren/Röttger-Verlag, München 1997 (4. Aufl.)

Anhang

Ratgeber für Betroffene, Angehörige und Interessierte
Schneider, R.: Die Suchtfibel. Informationen zur Abhängigkeit von Alkohol und Medikamenten. Schneider-Verlag, Hohengehren 1998 (12. Aufl.)

Hilfen für Angehörige, Freunde und Kollegen von Alkoholkranken
Hüllinghorst, R. und Hoffmann, K.: Alkoholprobleme: So können Sie helfen, TRIAS Verlag, Stuttgart 1998

Kontaktanschriften

Bundesrepublik Deutschland

Deutsche Hauptstelle gegen die Suchtgefahren e. V. (DHS)
Westring 2
59065 Hamm/Westfalen

**Deutscher Caritasverband e. V.
– Referat Besondere Lebenslagen –**
Karlstraße 40
79104 Freiburg i. Br.

Gesamtverband für Suchtkrankenhilfe im Diakonischen Werk der Evangelischen Kirche in Deutschland e. V. (GVS)
Kurt-Schumacher-Straße 2
34117 Kassel

Blaues Kreuz in Deutschland e. V.
Freiligrathstraße 27
42289 Wuppertal

Bundesarbeitsgemeinschaft der Freundeskreise für Suchtkrankenhilfe in Deutschland e. V.
Kurt-Schumacher-Straße 2
34117 Kassel

Deutscher Guttempler-Orden e. V.
Adenauerallee 45
20097 Hamburg

Kreuzbund e. V. – Selbsthilfe- und Helfergemeinschaft für Suchtkranke und deren Angehörige
Münsterstraße 25
59065 Hamm/Westfalen

Anonyme Alkoholiker (AA) Interessengemeinschaft e. V.
Lotte-Branz-Straße 14
80939 München

Verband ambulanter Behandlungsstellen für Suchtkranke/Drogenabhängige e. V. (VABS)
Karlstraße 40
79104 Freiburg i. Br.

Arbeiterwohlfahrt Bundesverband e. V. (AWO)
Oppelner Straße 130
53119 Bonn

Österreich

Psychiatrische Behandlungsabteilung Traun der OÖ. Landesnervenklinik Wagner-Jauregg für Alkoholkranke und Medikamentenabhängige
Oberer Flötzerweg 1
A-4050 Traun

Sonderkrankenhaus für Alkohol- und Medikamentenabhängige
Ignaz-Harrer-Straße 90
A-5020 Salzburg

Krankenhaus Stiftung Maria Ebene
Maria Ebene 17
A-6820 Frastanz

Krankenhaus de la Tour
Winklern 40
A-9521 Treffen

Anonyme Alkoholiker – Zentrale Kontaktstelle
Barthgasse 5
A-1030 Wien

Anhang

Eine Zentrale für Suchtmittelfragen stellt in Österreich das Anton-Proksch-Institut, Stiftung Genesungsheim Kalksburg, dar. Diese Institution unterhält im ostösterreichischen Raum viele Beratungsstellen. An das Institut können sich Interessierte auch mit den verschiedensten fachlichen Fragen wenden:

**Anton-Proksch-Institut –
Stiftung Genesungsheim Kalksburg
Behandlungszentrum für Alkohol-
und Drogenabhängige**
Mackgasse 7–11
A-1237 Wien

Schweiz

Schweizerische Fachstelle für Alkohol- und andere Drogenprobleme
Postfach 870
CH-1001 Lausanne

Blaues Kreuz – Beratungsstelle für Alkoholprobleme
Zeughausgasse 39
CH-3011 Bern

**IOGT Schweiz
Alkoholfachstelle**
Schwamendingenstraße 5
CH-8050 Zürich

**AA
Zentrale Dienststelle**
Wehntalerstraße 560
CH-8046 Zürich-Affolten

**SAKRAM-Wysshölzli
Schweizerische Arbeitsgemeinschaft der Kliniken und Rehabilitationszentren für Alkohol- und Medikamentenabhängige**
Waldrandweg 19
CH-3360 Herzogenbuchsee

Italien

Amt für Gesundheitssprengel der Autonomen Provinz Bozen
Freiheitsstraße 23
I-39100 Bozen

Medizinisch-Sozialer-Dienst der S.E. Mitte-Süd
Schlachthofstr. 8
I-39100 Bozen

**HANDS
Reha-Zentrum für Alkohol- und Medikamentenprobleme**
Zancanistraße 15
I-39100 Bozen

Anonyme Alkoholiker
c/o Pfarrhaus
I-39010 Lüsen

**GAD Südtirol
Gesellschaft gegen Alkohol- und Drogengefahren**
Steindlweg 48
I-39018 Terlan

Sachverzeichnis

Abbau des Alkohols 156
Abführmittel 65, 69
Abhängigkeit 12, 146
– körperliche 18, 19, 24, 102
– psychische 19, 20, 24, 102
Acamprosat 107
Adoptionsstudien 79
akzeptieren 93
Alkohol 16, 71
Alkoholabhängigkeit 148
Alkoholabstinenz 98, 99, 103
Alkoholaufnahme ins Blut 156
Alkoholdelir 18, 46, 110
Alkoholembryopathie 48, 80
Alkoholentzug 109
Alkoholgehalt alkoholischer Getränke 155
Alkoholgehalt in der Ausatmungsluft 157
Alkoholhalluzinose 47
Alkoholiker 15
Alkoholismus 12, 13, 32, 70, 89
Alkoholkarriere 46
Alkoholkonsum 13
Alkoholkranke 15, 22, 43, 131, 153
Alkoholkrankheit 148
Alkoholmißbrauch 51
Alkoholnormalverbraucher 82
Alkoholpsychosen 47
Alkoholrausch 48
Alkohol-Selbsthilfe-Organisationen 106
Alkoholverlangen 21
Alkoholvorräte, versteckte 148
Alkoholwirkung 154
Alpträume 148
Anfangsphase 27, 28
Angehörige 127, 144
Anonyme Alkoholiker (AA) 136, 137
Antabus 107
Antidepressiva 109
Antriebsmangel 42
Antriebsveränderungen 78

Anzahl der Alkoholkranken 33
Apathie 42
Appetitzügler 65
Arbeitsplatz 83
Arbeitszeitausfall 144
Aufputschmittel 65, 68

Barbiturate 66
Behandlung 90, 93
– ambulante 114
– medikamentöse 110, 111
– psychotherapeutische 110, 111
Behandlungsbedingungen 97
Behandlungskette 103
Behandlungskosten 94
Behandlungsstellen, ambulante 115
Behandlungsvertrag 117
Benzodiazepine 66, 110
Beratungsstellen, ambulante 106, 115
Bereich, beruflicher 131
– finanzieller 133
Beruhigungsmittel 65, 66
Betäubungsmittelgesetz 68
Betriebe 141
Bier 155
– alkoholfreies 154
Bierkonsum 35
Blaues Kreuz Deutschland (BKD) 136, 137
Blutalkoholkonzentration (BAK) 19, 49
Blutalkoholspiegel 74, 157
Branntwein (Brandy) 155
Brechreiz, morgendlicher 148

Campral 107
Clomethiazol 104, 109
Co-Abhängigkeit 129
Co-Alkoholiker 129
Codein 66

Delirium tremens 46, 104
Denkstörungen 78

Sachverzeichnis

Diabetes mellitus 51
Distraneurin 66, 104, 105, 109
Disulfiram 107
Disziplinarmaßnahmen 140
– betriebliche 138
Dosissteigerung 17

Eifersuchtswahn 43, 47, 56
Eigentumsdelikte 56
Einteilung durch Jellinek 27
Ejakulationsstörungen 76
Eltern 81
Embryo 47
Emotionalität 81
Entgiftungsphase 102, 104
Enthemmung 42
Entwöhnungsbehandlung 22, 55, 112, 120
– ambulante 116, 117
– stationäre 117
Entwöhnungsphase 102, 105
Entzug 18
Entzugserscheinungen 17, 78
Entzündung der Bauchspeicheldrüse (Pankreatitis) 40
Erfolgsaussichten einer Behandlung 95
Erkenntnis 93
Erkrankungen, manisch-depressive 78, 79
– schizophrene 78
Erleben, sexuelles 76
Erleichterungstrinken 30
Ersatzmittel, gefährliche 32
– ungefährliche 32
Erscheinung, paradoxe 68

Fahrerlaubnis 151
Fahrverbot 59
Familie 52
Familienstudien 79
Familientherapie 113
Fettleber 38
Filmrisse 45
Flensburger Kartei 59
Folgen des Trinkens 97
Folgen, soziale 16
Folgeschäden 14
Frauen 86

Freizeit 85
Freizeitbereich 134
Freundeskreise 136
Führerscheinentzug 60, 151

Gastritis 37, 39
Gebrauch, schädlicher 12, 13, 16
Gedächtnis 42
Gedächtnislücken 45, 148
Gefühlserleben 42
Gehirnhautentzündungen 51
Gelegenheitstrinker (Beta-Trinker) 23, 24
Gemütsveränderungen 78
Genußmittel 72
Gesprächspsychotherapie 113
Gewohnheitstrinker (Delta-Trinker) 24, 25
Gift 73
Gutachten, verkehrspsychologisches 60
Guttempler-Orden 136, 138

Halluzinationen 78
– akustische 47
Handlungen, strafbare 56
Hausmittel 76
Heilmittel 74
Heilung 89
Hepatitis 39
Herzinfarkte 75
Herzmuskelerkrankung (Kardiomyopathie) 40
Hilfsbedürftigkeit 93
Hirnschädigung 40, 42
– alkoholbedingte 45
Hunger 68
Hustenmittel 65, 66

Jugendliche 86
– alkoholkranke 87

Kaloriengehalt alkoholischer Getränke 155
Kardiomyopathie 37, 40, 51
Kater 18
Kind, ungeborenes 47
Kinder alkoholkranker Eltern 79

Sachverzeichnis

Konflikte 82
Konflikttrinker (Alpha-Trinker) 23, 24
Konsequenz, zugewandte 140
Konsumvorbilder 84
Kontakte (Isolierung), soziale 56
Kontaktphase 102
Kontrollverlust 19, 20, 24
Körperverletzung 56
Korsakow-Syndrom 43
Kosten, volkswirtschaftliche 55
Krampfanfälle, alkoholbedingte 46
Krankenhäuser für Suchtkranke 77
Krankenkassen 95
Krankheit als Chance 91
Krebs 41
Kreuzbund 136, 137
Kriminalität 56
Kündigung 140
– außerordentliche 62
– fristlose 62
– ordentliche 62
Kurzfragebogen für Alkoholgefährdete (KFA) 158
Kurzzeitgedächtnis 45

Lebenserwartung 44
Leberentzündung (Hepatitis) 39
Leberverfettung 39
Leberzirrhose 37, 39
Leistungsfähigkeit, psychische 73, 74
Likör 155
Lustempfinden 81

Magenschleimhautentzündung (Gastritis) 39
Mangel an Spurenelementen 37
Mangel an Vitaminen 37
Medikament 107
Medikamentenabhängige 131
Medikamentenmißbrauch 65
Merkfähigkeit 42
Methoden, neuroradiologische 41
– psychotherapeutische 119
Mißbrauch 12, 13, 16
Motivation 96
Motivierungsphase 102
Motorik 42

Nachsorgephase 102, 106
Naltrexon 108
Nemexin 108
Nervenentzündungen (Polyneuropathie) 40
Nikotin 14
Nikotinkonsum 41
Nüchternheit 92

Öffentlichkeit 83
Opiate 66, 68
Orgasmusprobleme 76
Ösophagusvarizen 39

Pankreatitis 37, 40
Partner 148, 150
Partnertherapie 77, 113
Persönlichkeit 56
Persönlichkeitsentwicklung 78
Phase, chronische 27, 29
– kritische 27, 29
– voralkoholische 27, 28
Polyneuropathie 37, 40
Portwein 155
Probleme, finanzielle 144
Pro-Kopf-Verbrauch 33, 35
Psychoanalyse 113
Psychotherapie 111

Quartalstrinker (Epsilon-Trinker) 24, 25, 26

Rausch, leichter 49
– mittelgradiger 49
– schwerer 50
Rauschmittel 72
Rehabilitation 131
Rentenversicherungsträger 94
Rezidiv 123
Rückfall 123, 124
Rührseligkeit 42
Rum 155

Schädel-Hirn-Traumen 51
Schäden, körperliche 36
– psychische 36
– soziale 31, 36

Sachverzeichnis

Schädigungen der Leber 38
Scheidung 140
Scheidungsgrund 57
Schlaf 68
Schlafmittel 65, 67
Schlafstörungen 148
Schmerzmittel 65, 67
Sekt 155
Selbsthilfegruppen 135
Selbsthilfeorganisationen 120
Selbstmord 45
Selbstmordgefährdung 53, 118
Sexualdelikte 56
Sexualhormon, männliches 41
Sexualität 81
Sozialhilfe 95
Speiseröhre (Ösophagusvarizen) 39
Spiegeltrinken 30
Stoffwechselentgleisungen 51
Störungen, andere psychische 78
Straßenverkehrsordnung 59
Suchtfachkliniken 114, 130
Suchtfachkrankenhaus 115
Suchtgedächtnis 81, 100
Süchtige Trinker (Gamma-Trinker) 23, 24
Suchtverlagerung 30

Tafelwein 155
Teufelskreis 30, 83
– körperlicher 31
– psychischer 31
– sozialer 31
Therapieverbund 101
Todesfälle 50
Todesursachen 45
Toleranzbruch 29
Toleranzentwicklung 17, 67, 78
Toleranzsteigerung 51
Tranquilizer 66
Triebregungen 81

Trinken, zur Entspannung 148
– heimliches 148
– kontrolliertes 98
Trinksitten 84
Trunkenheitsfahrten 59, 151
Trunksucht 57

Übermüdung 37
Umsteigeeffekt 30
Umwelteinflüsse 79, 81
Unfälle 58
Unlustempfinden 81
Urteils- und Kritikfähigkeit 42

Vererbung 79
Verfolgungswahn 43
Verhaltenstherapie 113
Verkehrsteilnehmer 58
Verkehrstüchtigkeit 51, 55
Verkehrszulässigkeit 152
Verlangen nach Alkohol 21
Verlaufsphasen 27
Verlaufsstadien 14
Verschlechterung der Trinkkontrolle 20
Verträglichkeitsgrenzen 14
Verwirrtheitszustände 42
vorbeugen 140

Wahn 78
Wassersucht 39
Wein 74
Weiterbehandlung, psychotherapeutische 120
Weiterbehandlungsphase 102, 106
Weltgesundheitsorganisation (WHO) 13, 16
Whisky 155

Zechprellereien 56
Zittern der Hände 148
Zwillingsstudien 79